MIC

LES DECADENTS

SEVERINE JOUVE

LES DECADENTS

BREVIAIRE FIN DE SIECLE

PLON
8, rue Garancière
PARIS

© Librairie Plon, 1989.
ISBN 2-259-02065-8

INTRODUCTION

Les siècles, comme les hommes, ont leur crépuscule : nous entrons définitivement dans celui du vingtième siècle, ajoutant à la magie empoisonnée des époques finissantes celle encore plus puissante des fins de millénaire. Fin de siècle : point ultime d'une civilisation éperdue, conclusion vertigineuse d'une époque essoufflée, dernier conflit d'ombre et de lumière qui modifie, poétise et teinte de fantastique la réalité.

L'aventure des fins de siècle, et au premier rang d'entre elles celle de la fin du XIXᵉ siècle (à laquelle nous devons l'invention de l'expression), est celle de l'exil, exil social, moral, esthétique et intellectuel. Etre exilé aux frontières d'un monde qui s'achève provoque une certaine mélancolie, l'éclosion d'une sensibilité à la fois diffuse et excessive, reflet du traumatisme exercé par les périodes dites de déclin et qui donne à ses protagonistes le sentiment d'avoir touché les limites, le point de non-retour, en un mot la conscience de leur décadence.

« A cette heure des histoires où une civilisation

finit, le grand fait est un état nauséeux de l'âme et, dans les hautes classes surtout, une lassitude d'exister[1]. » Le sentiment d'appartenir à une race de la dernière heure donne des droits et un rôle à l'artiste : l'écrivain, pénétré de l'esprit de cette fin de siècle, doit non seulement en dénoncer les mythologies esthétiques et les décompositions morales, mais doit aussi narrer les luttes intimes du cœur et de l'âme. Message surtout psychologique et esthétique d'un créateur crépusculaire fatigué du monde.

La métaphore de la tombée du jour et du soleil qui s'éteint va admirablement mettre en lumière les fondements de la sensibilité « fin de siècle ». La splendeur tardive du crépuscule ressemble à s'y méprendre à l'éclat sourd du déclin d'un monde, à la dilution des valeurs d'une sensibilité exténuée. Le coucher de soleil n'est plus, comme à l'époque romantique, le spectacle harmonieux et mélancolique offert par une nature aimable et féconde. Il sonne le glas du vieux monde :

> « Le carnage consommé des hauts soirs meur-
> triers
> Traîne au loin l'ultime clameur du désastre...
> C'est l'heure mortuaire du deuil universel.
> C'est l'heure ténébreuse et pieuse où chacun
> Rêve aux splendeurs mortes du grand soleil
> défunt[2]. »

L'évanouissement de la clarté au profit de l'ombre, cette souillure provisoire du ciel par le badigeon étrange de mille nuances intensément douloureuses

---

1. Joséphin Péladan, *Le Vice suprême.*
2. Jean Delville, *Les Horizons hantés.*

qui vont bientôt se perdre dans les ténèbres n'est pas définitive. La nuit, « qui fait éclore des millions d'astres, avec sa lune changeante, ses aurores boréales, ses pénombres mystérieuses et ses effrois énigmatiques, n'a-t-elle pas bien aussi son mérite et sa poésie ? [1]. »

La fin d'un siècle ne se consume pas dans la parenthèse spectaculaire que constitue le crépuscule. S'il évoque absolument le drame d'une société face à son déclin, il est aussi ce clair-obscur primordial qui annonce l'ombre essentielle où toute chose glisse et se transforme pour faire naître un nouveau matin artistique.

A l'aube du nouveau siècle, laissons-nous glisser dans le vertige des époques finissantes : « Mais il en a toujours été ainsi. Les queues de siècle se ressemblent ; toutes vacillent et sont troubles [2]. »

La période que nous traversons semble marquée par les signes du retour d'une forme de sensibilité « fin de siècle ». Hubert Juin, qui a brillamment défini cette sensibilité en la qualifiant de « désordre immobile », soulignait le caractère à la fois révolutionnaire et figé de toute époque finissante : une société éclatée s'inscrivant dans un temps suspendu. Une société « fin de siècle » est, par définition, une société dont l'horizon historique se ferme sur lui-même, une société dépourvue de projet et dont le devenir semble s'interrompre. La fin de siècle apparaît alors comme le moment où, par excellence, s'installe le pessimisme, où éclate l'orage de l'indécision, ce quelque chose qui ressemble étrangement à ce qu'on appelle aujoud'hui la crise des idéologies.

---

1. Théophile Gautier, *Les Poètes français,* tome IV, « Charles Baudelaire ». Repris dans *Fusains et eaux-fortes.*
2. Joris-Karl Huysmans, *Là-bas.*

Sûre d'elle-même, la France découvre après le choc de 1870 qu'elle appartient au camps des vaincus. La révolution industrielle, sous le Second Empire, avait jeté les bases d'une nouvelle société, imposant au pays une véritable métamorphose économique et sociale. Dès les années 1850, la bourgeoisie s'enrichit au détriment du prolétariat naissant, et compose progressivement le tableau de cette « grande barbarie au gaz » que Poe et Baudelaire, en leur temps, avaient déjà dénoncée. Cette euphorie ne sera que relative et la guerre franco-prussienne de 1870 va venir la briser. Le désordre, l'humiliation et l'incertitude politique obligent les Français à mesurer la distance qui sépare l'image idéale de leur pays et la réalité historique à laquelle celui-ci se trouve brutalement condamné. La république, fruit d'un compromis historique, vogue, incertaine et calomniée, de crise en crise, sans pouvoir faire naître chez les artistes désabusés l'enthousiasme que son projet devrait susciter : d'où l'attitude distante des décadents chez qui le boulangisme provoque plus de railleries que de dénonciations. Et il faudra attendre l'affaire Dreyfus pour que des écrivains se décident au combat politique. Comme aujourd'hui peut-être, la foi dans le politique s'estompe au profit du goût du paradoxe, à l'art de l'esquive. Hier comme aujourd'hui, lorsque l'histoire s'enlise et que ses perspectives se ternissent, l'avenir de la collectivité cesse d'être le lieu des enthousiasmes et des désirs des individus.

Le futur lui étant interdit, la société « fin de siècle » se trouve dans une situation très particulière et parfaitement inconfortable. Pour exister, elle n'a qu'une solution : revenir sur ce qu'elle a été et s'interroger obsessionnellement sur la fin qu'elle est en train de vivre.

En effet, les fins de siècle sont des époques où le passé fait retour sous forme de nostalgie, d'historicisme et de mysticisme religieux. Nos fins de siècle se répètent et bégaient la même histoire : on s'invente un âge d'or juste pour mesurer avec regret la distance qui nous en sépare. Ce Moyen Age, par exemple, qu'aujourd'hui nous redécouvrons dans des registres bien différents à travers l'œuvre de Georges Duby ou celle d'Umberto Eco, Huysmans en avait déjà éprouvé le sublime. De même, retrouvant aujourd'hui le charme de Watteau ou de Fragonard, nous ne faisons que nous inscrire dans les traces des frères Goncourt, dans celles du Verlaine des *Fêtes galantes*, ou dans celles de Jean Lorrain qui écrit dans *Les Griseries :*

> « Fragonard ! et les griseries
> D'un siècle d'ambre et de satin,
> De grâce et de coquineries,
> Léger, athée et libertin... »

Nos fins de siècle sont toujours hantées par le spectre de leur propre décadence et semblent incapables de se soustraire au spectacle de leur agonie. Verlaine écrivait en 1883 : « Je suis l'empire à la fin de la décadence[1]. » Privée de tout projet d'avenir, absorbée dans la contemplation de sa propre fin, la société « fin de siècle » se dilue dans un éparpillement des valeurs et dans une revendication de l'individualité. L'homme « fin de siècle » est renvoyé, en l'absence de tout projet d'ensemble, à une esthétique. Le style devient la dernière forme d'aventure et

---

1. Verlaine, *Jadis et naguère.* « Langueur ».

11

de destin dans une société incapable d'entreprise collective : « O peuples vieillissants ! Nous mourrons d'esthétique [1], » écrit Iwan Gilkin. Cioran, dans son *Précis de décomposition*, fait un éloge du style et de la frivolité : « Personne n'atteint d'emblée à la frivolité. C'est un privilège et un art, c'est la recherche du superficiel chez ceux qui, s'étant avisés de l'impossibilité de toute certitude, en ont conçu le dégoût ; c'est la fuite loin des abîmes qui, étant naturellement sans fond, ne peuvent mener nulle part. Restent cependant les apparences : pourquoi ne pas les hausser au niveau d'un style ? C'est là définir toute époque intelligente. On en vient à trouver plus de prestige à l'expression qu'à l'âme qui la supporte, à la grâce qu'à l'intuition... ». L'individualisme et le plaisir esthétique s'affirment donc comme les dernières valeurs dans un monde sans valeurs.

« Brusquement, vers 1885, l'idée de décadence entra dans la littérature française [2]. » Ces mots de Remy de Gourmont attestent de l'existence et du surgissement, à la fin du siècle dernier, d'un nouveau syndrome artistique : la décadence... « Mais qu'est-ce que décadence veut bien dire au fond ? [3]. » Verlaine, par cette simple interrogation, touchait juste. Ce terme trop longtemps malmené, trop systématiquement orienté du côté du péjoratif et du fatal, n'avait pas de signification précise. Déconcertante découverte : ce mouvement commençait par la faillite de la définition. Etrange constatation pour un

---

1. Iwan Gilkin, *La Nuit*.
2. Remy de Gourmont, *La Culture des idées*, « Stéphane Mallarmé et l'idée de décadence ».
3. Verlaine, cité dans le *Petit Glossaire pour servir à l'intelligence des auteurs symbolistes et décadents*, de Paul Adam.

mot qui, relancé après Baudelaire et Gautier par Paul Bourget en 1876, connaîtra une grande vogue, puis deviendra le symbole de toute une génération d'écrivains.

Au début des années 1880, l'école dominante restait celle du Parnasse. Le symbolisme commençait à poindre, le romantisme n'était plus que sa propre caricature et le mouvement littéraire à la mode était le naturalisme. Dans cette atmosphère esthétique, la sensibilité décadente tentait de s'imposer. Attitude mentale avant tout, elle se plaçait au-dessus des querelles de doctrines ou d'écoles. Baudelaire, entre 1857 et 1862, avait multiplié les utilisations de ce mot, et *Les Fleurs du mal* contenaient en germe les lignes de force de cette nouvelle sensibilité : primauté de la sensation, tentation de l'étrange et de l'horrible, recherche de l'artificiel, abandon au spleen. Edgar Poe avait déjà mis en relief la fascination du morbide et la description clinique des maladies nerveuses. De Quincey s'était attaché à montrer l'importance du rêve et l'enrichissement de l'imagination par l'emploi des stupéfiants. Flaubert avait mis en avant le thème de la femme fatale et la curiosité des plaisirs raffinés. Gautier, lui, avait écrit *Mademoiselle de Maupin* et parlé de nihilisme avant Schopenhauer.

C'est vers 1883 que la décadence, en réaction à l'étroitesse naturaliste, la sottise bourgeoise et la dictature scientiste, commence à se faire entendre sous les signes du retour au spirituel, à l'idéalisme mystique et au sensualisme intellectuel. L'année 1884, fondamentale à bien des égards, lançait la mode du pessimisme et de l'occultisme. Trois livres essentiels paraissaient en librairie : *A rebours* de Joris-Karl Huysmans, « sorte de roman-fantaisie-bizarre » à un personnage et sans dialogues, qui devint très vite la bible du décadentisme et le bréviaire du goût « fin de siècle » ; *Le Vice suprême* de Joséphin Péladan, premier recueil d'une série romanesque (« La Décadence latine »), qui se voulait l'analyse des mœurs dépravées d'une certaine élite de la fin du siècle ; *Le Crépuscle des dieux,* titre fort évocateur d'Elimir Bourges, réflexion aiguë sur la déchéance. L'année suivante, Paul Bourget publiait les *Essais de psychologie contemporaine* où il expliquait de manière tout à fait convaincante, à l'aide de métaphores organiques, comment l'exagération de la vie individuelle empêchait toute adaptation à la vie commune. Suivront *Les Déliquescences. Poèmes décadents d'Adoré Floupette* de Vicaire et Beauclair, une parodie de la vie littéraire de l'époque et de la poésie décadente, qui eut un énorme succès et qui contribua largement à faire connaître cette nouvelle esthétique. En 1886, la première traduction française des ouvrages de Schopenhauer fit tellement sensation qu'on parla de « schopenhauerisme à outrance ». Ses idées s'adaptaient parfaitement à la décadence : le progrès, la femme et la sexualité doivent être évacués, et le seul salut possible pour l'homme réside dans le renoncement et la contemplation esthétique.

Naquit alors *Le Décadent,* journal qui parut jusqu'en 1889, sous la direction de Maurice du Plessy et d'Anatole Baju. Des écrivains comme Verlaine, Barbey d'Aurevilly, Stéphane Mallarmé, Rachilde et Jean Lorrain y collaborèrent. En juin 1886, il annonce : « L'avenir est au décadisme. Nés du surblaseisme d'une civilisation schopenhaueresque, les décadents ne sont pas une école littéraire. Leur mission n'est pas de fonder. Ils n'ont qu'à détruire ; à tomber les vieilleries et préparer les éléments fœtusiens de la grande littérature nationale du XXe ».

René Ghil, au nom du symbolisme, répondra aux attaques en se targuant de représenter la vérité de la décadence. Anatole Baju accusera les symbolistes d'être de pseudo-décadents : « Les décadents sont une chose, les symbolistes sont l'ombre de cette chose », affirmera-t-il péremptoirement. Les deux groupes s'affrontent. La querelle est publique et profite au mouvement. C'est le moment que choisit Paul Adam pour publier son *Petit glossaire pour servir à l'intelligence des auteurs décadents et symbolistes*.

La décadence est avant tout un état qui se signale d'abord par des symptômes : l'outrance et le scandale en sont les principaux signes avant-coureurs. Il est donc possible de reconnaître et de proclamer un état de décadence avant même d'essayer de le définir. Si la décadence échappe à toute tentative de classification, c'est parce qu'elle se passe de définition, ou alors, parce qu'elle en a trop... Touchant au domaine esthétique, elle est aussi une manière de vivre et peut se définir de différentes façons : passionnément, linguistiquement, poétiquement et même parodiquement.

La décadence, telle qu'elle apparaît à la fin du XIXᵉ siècle, pas plus qu'une école n'est un mouvement. Ou alors, c'est une école introuvable dont les fondateurs sont aussi les premiers détracteurs. Huysmans, Péladan, Verlaine, Mallarmé — et bien d'autres encore —, tous récusent à tour de rôle l'épithète sous laquelle il nous semble parfois possible de les réunir aujourd'hui.

Entre naturalisme et symbolisme, elle se refuse à devenir décadentisme. Elle s'affirme comme état d'esprit, comme sensibilité diffuse, devenant ainsi une sorte de point de ralliement clandestin où se

15

reconnaissent et se retrouvent, de manière souterraine, tous ceux qui partagent, ne serait-ce que par leur refus, une certaine conception du monde. Le phénomène décadent est donc cet espace où se nouent, par delà les époques et les écoles, un certain nombre de figures et de préoccupations. La décadence est une tendance qui s'affirme comme un choix, un engagement absolu, une nécessité d'être qui se proclame avec passion et lucidité. Elle revendique le droit à la chute, au déclin, à la mauvaise conscience du mal de vivre. Finie l'association facile de l'idée de décadence avec les notions de maniérisme, de dégénérescence ou de stérilité ; finie la confusion trop restrictive entre la décadence et la déchéance. Elle est avant tout une entreprise de démolition, insolente et passionnée, des valeurs établies. Il est regrettable de la disqualifier justement parce qu'elle est inqualifiable. Il est insuffisant de la réduire à n'être que le versant noir du romantisme ou la préparation laborieuse du symbolisme. En effet, le mal du siècle décadent n'est pas celui du romantisme : la fatigue de vivre a remplacé le mal de vivre. C'est un mal intensifié par l'esprit critique et le jugement sur les choses, un malaise profondément vécu de l'intérieur, une mélancolie irraisonnée. Le drame de l'âme moderne, c'est cette conscience lucide de la confusion qui l'habite. Si le romantisme a tenté de démêler le désordre des sentiments et les intermittences du cœur, la décadence, elle, voudra conquérir la sensation et s'approprier l'âme. Rien de plus différent... La décadence explose. Elle est avant tout réaction virulente, et non continuation tâtonnante. Si l'agonie la fascine, elle n'en est pas pour autant moribonde ! Si elle recherche et apprivoise le déclin, il est pourtant trop facile d'en

faire un synonyme de défaillance ou de catastrophe !
« Mieux vaut le déclin que la culbute ![1] », écrivait
Vladimir Jankélévitch.

Il est heureux que la décadence ait mis en évidence
ce que le classicisme et sa bonne conscience avaient
toujours mis de côté. Elle tend, en effet, à bouleverser
un certain nombre de réalités acquises. Contre la
perfection ennuyeuse des siècles d'or et le despotisme
imposé par les valeurs positives que sont la synthèse,
la simplicité, la généralité et la pureté, elle affiche
une position de mépris et de rejet, optant de manière
systématique pour l'analyse, la complication, le
particulier et l'impureté. Face au modèle grec, elle
revendique la Byzance légendaire. A l'académique,
elle substitue le monstrueux et l'hybride, à la santé
la maladie, au rustique l'urbain, à la vertu le
vice. Son objectif est celui de la réhabilitation du
corrompu.

La décadence a su magnifiquement donner épais-
seur et consistance à l'inavouable, à l'insaisissable
ou au superflu. Par la fièvre de sa réflexion et l'acuité
de son analyse, elle a su ajouter à l'art, qui seul a
gardé son empreinte, un terrible point d'interrogation, remettant en cause le geste créateur et le verbe
lui-même. Comme l'affirme André Suarès, « en vingt
ans, le monde a plus changé qu'il n'avait fait en
vingt siècles[2]. » A vouloir à tout prix faire sentir les
choses au lieu de tout simplement les dépeindre, en
élaborant une poétique nouvelle à rebours de toute
tradition, en contournant, repensant et surchargeant
la matière culturelle qui s'offrait à elle, si la décadence

---

1. Vladimir Jankélévitch, « La Décadence », *Revue de métaphysique et de morale.*
2. André Suarès, *Idées et visions,* « Réflexions sur la décadence ».

17

n'a rien inventé, elle a offert au monde de la création une parenthèse de méditation et de contemplation presque excessive. « La décadence, c'est une civilisation qui se recueille [1]. »

Si la tentation d'organiser ce courant littéraire est grande, il faut pourtant le faire avec prudence. Vouloir absolument définir cette poétique du désordre faite d'une multitude de préoccupations et de participations divergentes, ou s'entêter à exposer un « programme décadent », touche au scandale, parce que la définition appelle la conclusion et qu'il n'existe pas de conclusion à la décadence. En effet, celle-ci est faite uniquement de tentatives et de tentations. Et c'est cette dimension expérimentale qui fait son prix.

La décadence est un immense laboratoire de l'âme. Si elle n'a surmonté aucun des problèmes qui se posaient à elle, elle en a pourtant découvert les contradictions. Si elle a analysé avec fureur son époque sans donner aucune conclusion, si elle a percé douloureusement un certain nombre d'abcès de l'âme moderne sans apporter aucun baume, et si enfin elle a agi sans rien récolter, gloire à Elle !

Elle a profondément choqué par sa participation à la promotion d'un style barbare, d'un art de déplaire et d'une poétique du sacrilège.

Et surtout, elle a été sensible « à ceux qui tombent ». Elle doit nous séduire par son audace. Nous pouvons la comprendre par le plein exercice de notre sensibilité et la souplesse de notre intelligence : l'idée de décadence ne peut être comprise par l'esprit de synthèse d'une conscience classique, trop froide et trop directe. Elle nécessite une appréhension plus

---

1. Vladimir Jankélévitch, *op. cit.*

oblique, faite de sensations, de demi-teintes et de métaphores. Elle ne parle pas seulement à la conscience, mais également aux sens : « Elle ne tombe pas sous le sens de l'esprit qui a la froideur virginale de la balance [1]. »

Même si elle est parfois irritante, la décadence a le privilège de n'être jamais ennuyeuse, parce qu'elle s'intéresse à la vie, à cet univers envahi par le spleen et définitivement las dont elle est le reflet. Le monde dont elle retrace le drame est celui d'un homme prisonnier d'une civilisation qui vieillit pour renaître toujours de ses propres ruines. L'étude d'un monde épuisé, comme le souligne Jules Laforgue, est-ce véritablement moins intéressant que l'étude d'une civilisation équilibrée ? Je ne le pense pas. Les époques fanées et les couleurs passées ont un charme irrésistible qui nous laisse dans l'âme comme une langueur, subtile et tenace.

Les siècles finissants sont les gardiens de la mémoire des mondes. Il est normal que les fondations d'une époque se brisent et s'effritent sous le fardeau culturel et existentiel du temps, subitement trop lourd... La décadence, en s'emparant de ces vestiges, reconstruit son univers spirituel sur les ruines d'un savoir déjà constitué. Elle est la somme de tous les héritages parce que, comme l'écrivait Théophile Gautier, « ce qu'on appelle décadence est au contraire maturité complète, la civilisation extrême, le couronnement des choses [2]. »

Si l'homme de la décadence est excessif et paradoxal, il n'en est pas pour autant, comme beaucoup

---

1. André Suarès, *op. cit.*

2. Théophile Gautier, *Les Poètes français*, tome IV, « Charles Baudelaire » repris dans *Fusains et eaux-fortes. Op. cit.*

19

l'ont insinué, un dégénéré ou une « anomalie regrettable ». Les décadents ont beaucoup fait jaser mais ont été peu compris, et la légende a fait d'eux des névropathes et des morphinomanes. On les a traités d'artistes « impuissants à toutes sortes de productions ». On a été moqueur — et parfois drôle — lorsqu'on les a qualifiés de « petits vieux jeunes » ou d'individus « trapus, en dedans ». Mais se rendait-on toujours compte, à l'époque, qu'ils ne détestaient pas que l'on parle d'eux et que cela leur était bien égal d'être incompris ? Des hommes qui voulaient se démarquer de la multitude, certes. Des excentriques allant jusqu'au bout de leurs caprices, c'est vrai. Alors, des dandies ? Oui, souvent, mais pas seulement. La tentation de cette confusion, trop systématique, doit s'effacer : si déplaire et choquer sont deux des attitudes du dandysme, la décadence, en les poussant à l'extrême, en a fait ses deux principes fondamentaux.

Les décadents sont des anarchistes. Ils souhaitent le désordre, le scandale et l'excès. Leur haine du juste milieu et du bien-pensant leur donne le goût de l'injuste extrémité et de l'indécent : « cette syphilis de la décence », écrivait Huysmans. Rejeter un siècle qu'ils méprisent. Fuir comme la peste l'horreur démocratique, l'Eglise à tout jamais compromise, l'étroitesse des valeurs bourgeoises et le règne de l'éloquence et de la logique. Ne plus appartenir à ce monde mal fait, à cette réalité qui n'offre plus aucun attrait...

Curieux révolutionnaires que ces décadents qui, voulant la confusion et le désordre, sont pourtant convaincus de l'inutilité de toute réaction. Des dilettantes de l'anarchie qui démolissent — mais sans conviction réelle —, peut-être juste pour le geste, pour le plaisir de l'explosion : car la décadence porte en elle des forces de subversion.

Leurs seuls terrains d'attaque, la littérature et les beaux-arts. Leurs seules armes, une langue acérée, un style incisif, une esthétique foudroyante. Leur unique ambition, préserver l'aventure artistique des boues du naturalisme, de la doctrine rigide du Parnasse, de la désacralisation imposée par le positivisme : « Nous avons jeté, au nom de tous ceux qui s'intéressent aux Arts, un formidable cri d'alarme ouï et répercuté par tous les échos à travers les deux mondes », déclare Anatole Baju. Ainsi, c'est contre toutes les formes d'endoctrinement que le décadent élève sa conception mystique de l'art.

Tenter de définir le décadent, l'esthète de la fin du siècle dernier. Essayer d'en esquisser la silhouette et d'en percer la nature... Tâche difficile que celle de « tirer le portrait » d'un personnage multiple et fuyant. Mais peut-être est-il possible de le faire par touches successives...

Le héros décadent, réel ou fictif, est l'exact opposé du modèle traditionnel du héros épique plein de bons sentiments, ayant pour lui sa bonne conscience et l'intime conviction de sa sécurité. Il est l'anti-héros par excellence, l'individu harcelé par un sentiment aigu de culpabilité, par sa mauvaise conscience et par la somme de ses désillusions. Ce chevalier nouvelle manière est l'homme des incertitudes. Opposé au héros pieux, le voyageur décadent s'engage, désabusé, dans une ronde interminable : quête anxieuse et sédentaire dont l'espace se limite au cercle de ses propres incertitudes. La décadence ne propose aucun Graal à sa créature qui, dans son errance tâtonnante, se trouve dans l'incapacité de faire sauter les barrières de son scepticisme, étant trop solidement installée dans le refuge de son abstention : « Il se bornait donc à errer dans les vestibules et dans les alentours[1] », écrit Huysmans. Le héros exemplaire de cette sensibilité n'est autre que le protagoniste du fameux *A rebours,* le duc Jean Floressas des Esseintes, dernier rejeton d'une race fatiguée qui, à trente ans, se retrouvant seul, dégrisé, « abominablement lassé » par une existence débilitante et énervante, décide de se blottir dans une thébaïde raffinée, de « s'évader violemment du pénitencier de son siècle[2] ». Ce désir d'évasion hors d'un monde devenu insupportable est un trait particulier au décadent, être rare, conscient de sa singularité et pour qui la multitude est intolérable. Le commerce des autres lui étant odieux, il mettra tout en œuvre pour dérouter le vulgaire et préserver sa pensée : provocation vestimentaire parfois, comme Jean Lorrain, Pierre Loti ou Robert de Montesquiou ; arrogance du comportement souvent, comme Léon Bloy ; isolement toujours recherché, comme Huysmans. Baudelaire ne pouvait pas mieux résumer cette attitude générale du décadent qu'en traçant le portrait suivant : « Une vérité habillée de manière bizarre, un paradoxe apparent qui ne veut pas être coudoyé par la foule, et qui court à l'extrême orient quand le feu d'artifice se tire au couchant[3]. »

C'est un maître de l'artifice qui vomit la vulgarité de la nature que révèrent, à la même époque, les disciples d'un Zola. C'est un ange déchu qui a

---

1. Joris-Karl Huysmans, *A rebours.*
2. *Op. cit.*
3. Charles Baudelaire, *L'Art romantique,* « Notes nouvelles sur Edgar Poe ».

l'attirance du gouffre, un Satan moderne qui, pratiquant une autre liturgie, propose un évangile noir qui dénonce l'insuffisance de Dieu.

C'est un homme qui, sentant son intégrité sans cesse menacée par la femme, s'élève contre l'aliénation de l'amour, un ascète qui rêve d'un troisième sexe et d'une volupté nouvelle faite de mysticisme et de sensualité.

C'est un esthète ultra-raffiné qui, au sein de sa thébaïde, voue un véritable culte à la poésie, à la peinture et au bibelot d'art.

C'est un insoumis qui s'élève contre le positivisme du monde moderne et la bêtise de ses contemporains, mais tout en étant atteint lui-même par la maladie du siècle : une soif ardente de nouveauté.

C'est un nouveau dandy, un Narcisse qui s'observe, se dissèque et s'exaspère jusqu'à la dissolution de son être dans le néant.

Principe fondamental de cette sensibilité « fin de siècle » : le décadent, pour qui le moi seul est important, se contemple et se suffit à l'infini. « Spectateur, je le suis de moi-même, dans ce qui me touche de plus près, dans la pièce ou j'agis. Et si je l'avoue, c'est sans doute pour qu'on dise : voilà bien l'homme de la décadence[1]. »

---

1. André Suarès, *op. cit.*

LIMINAIRE

Sensibilité diffuse, notion avant tout vécue de
l'intérieur, je ne voulais pas raconter la décadence,
mais souhaitais qu'elle se raconte elle-même, passionnément.

Etre décadent, c'est vivre au jour le jour une
morale en marge, riche d'autant de préceptes que
ceux que la morale traditionnelle contient.
Je donne délibérément droit de parole à cette
sensibilité si souvent mise de côté. Seul un narrateur
fictif — sorte de témoin singulier se situant entre le
porte-parole et l'acteur — pouvait dresser avec la
souplesse, l'enthousiasme et l'engagement souhaités,
le constat esthétique d'une « fin de siècle » particulièrement agitée.
Le parti pris de cet essai est celui de la libre
expression d'un homme d'exception, d'un tempérament tour à tour lucide et fiévreux, intransigeant et
contradictoire.

Je vous invite donc à me suivre dans un voyage

rétrospectif vers le crépuscule du XIXᵉ siècle, à la rencontre d'un artiste décadent. Nous le croiserions sur un boulevard parisien ou dans un estaminet, la porte de sa demeure restant hermétiquement close.

Il aurait tout de l'impeccable dandy : la tenue, la pâleur et l'insolence. Sous le bras, il tiendrait un livre vers lequel, intrigués, nous nous pencherions pour voir le titre : *Les Décadents — Bréviaire fin de siècle.*

En admettant qu'il se trouve dans de bonnes dispositions, secrètement charmé par la vivacité de notre intérêt pour son manuscrit, il nous entraînerait dans un endroit tiède et raffiné, chambre close ou chapelle latérale, et commencerait à lire à haute voix ce curieux évangile.

« La vérité, c'est que nous sommes dans ce que d'aucuns appellent une époque de décadence (...). Toutes les idées générales ont été développées. Il ne nous reste plus qu'à rechercher les subtilités et à couper les cheveux en quatre. Certes, on peut avouer, par surcroît, que notre temps s'y prête avec sa civilisation tellement avancée qu'elle est presque pourrie (...). Est-ce qu'au dernier siècle existait un café, semblable à celui-ci, où vous êtes tous pédérastes, où les femmes sont l'une de l'autre éprises. Ah ! l'humanité n'est plus vierge. Elle a même la gale, et, comme un serpent, elle devrait changer de peau !... On a toujours été amoureux, mais le vice n'a jamais eu tant de talent (...) Le siècle est à l'excessif. Voilà pourquoi nous sommes des artistes outranciers et fiévreux, rongés par les maladies que nous étudions. Maintenant, cette époque, avec nos corruptions, nos mystères, nos ambitions, nos grandeurs, est-ce une époque de décadence ? (...) Après qu'adviendra-t-il ?... Le vingtième siècle coupera-t-il les cheveux en cinq ? »

Félicien Champsaur, *Dinah Samuel* (1882).

ORAISON CONTRE LA NATURE

> « Nature, rien de toi ne m'émeut, ni les champs
> Nourriciers, ni l'écho vermeil des pastorales
> Siciliennes, ni les pompes aurorales,
> Ni la solennité dolente des couchants. »

Verlaine, *Poèmes saturniens*.

Il a finalement daigné nous ouvrir les portes de sa magnifique et secrète demeure : un hôtel particulier du meilleur goût, bien entendu... Nous pénétrons dans un vestibule surmonté d'une coupole qui ressemble plus à un boudoir qu'à un hall d'entrée. Le décor : une ravissante mystification. Le maître de ces lieux a tout mis en œuvre pour donner à l'aspect intérieur une illusion d'extérieur. Cette pièce, aménagée dans le genre jardin, « joue le dehors » à la perfection. Aux murs, des tentures de soie verte ruissellent comme des feuillages. Le tapis a la mollesse du gazon. Au fond, un escalier en colimaçon, disparaissant sous la profusion d'une végétation factice, affecte la forme sinueuse d'un sentier. La haute salle, avec son faux air de désordre, ressemble à un coin de jardin tiède. Il a pris place, au pied de l'escalier végétal, dans un fauteuil de cuir fauve, son manuscrit ouvert sur ses genoux.

« L'effet stupéfiant que produit sur vous l'aménagement de ce jardin meublé m'amuse... Il vous charmera bientôt, parce que vous vous rendrez compte qu'il représente un coin de paysage parfaitement repensé, sans aucun défaut. Je crois que « si la nature avait dispensé à l'homme tout le confort, il n'aurait pas inventé l'architecture, et je préfère l'intérieur au plein air[1] ».

La nature m'est tout à fait insupportable et ne répond ni à mon attente ni à mes plaisirs. Son inachèvement et son imperfection sont inacceptables. Le monde laissé à l'état brut ne m'inspire que dégoût et lassitude. Son ennuyeuse éternité ne vous semble-t-elle pas périmée devant la sensation d'achèvement que peut procurer un décor artificiellement préservé par l'homme ? Que voulez-vous, la nature est dépassée : les poètes d'autrefois ont trop chanté ses fleurs et son azur. Le XVIIIᵉ siècle et le romantisme n'ont pas cessé de louer son inégalable beauté et ses bienfaits. Souvenez-vous de ce vers de Lamartine : « La nature est là qui t'invite et qui t'aime ». Eh bien, c'en est assez, et c'est totalement faux ! La nature ne m'aime pas. Elle est rude, indifférente, insensible. Je suis persuadé que je ne lui importe pas plus que ces bêtes « qui broutent sur la côte ou que la bardane du talus[2] ! ». Je le répète : la nature retarde. En ce qui nous concerne, nous autres décadents, elle ne nous satisfait aucunement, ne nous intéresse plus le moins du monde. Sa monotonie, son inachèvement, sa vulgarité et son absence de desseins sont incompatibles avec la mobile profusion de notre esprit « fin de siècle ». Je crois fermement que « la nature a fait son temps ; elle a définitivement lassé, par la dégoûtante uniformité de ses paysages et de ses ciels, l'attentive patience des raffinés. Au fond, quelle platitude de spécialiste confinée dans sa partie, quelle petitesse de boutiquière tenant tel article à l'exclusion de tout autre, quel monotone

---

1. Oscar Wilde, *Le Déclin du mensonge*. Trad. de *The Decay of Liying*.
2. Oscar Wilde, *op. cit.*

magasin de prairies et d'arbres, quelle banale agence de montagnes et de mers [1] ! ». Et qu'on ne me parle plus de « bain de verdure » salutaire, capable d'aguerrir une âme endolorie ! « L'inconscience végétale est décidément un néant trop attristant [2] ». Le triste spectacle de la nature, si inhospitalière, ne ferait qu'accroître mon incurable mélancolie et générerait en mon âme un déséquilibre plus profond. Finalement, elle est inapte à restituer l'intégrité originelle qu'on pourrait venir parfois rechercher auprès d'elle. Elle m'ennuie, m'accable, m'irrite, et surtout ne m'émeut point. La « solennité dolente » de ses crépuscules est tellement attendue et si répétitive... Regardez maintenant, par cette fenêtre, le spectacle attristant du soir tombant sur Paris. L'ironie profonde de Jules Laforgue n'est-elle pas tout à fait de mise ? « Encore un soir qui tombe, un couchant qui va faire le beau ; bilan classique, bilan plus que classique [3] ! ». Pour Wilde, d'une moquerie plus légère et plus mondaine, les couchers de soleil « datent de l'époque où Turner donnait en art le dernier ton, et les admirer est marque certaine de provincialisme [4] ».

Insupportable, le soleil ne l'est pas seulement quand il se couche. Il faudrait pouvoir s'en débarrasser à tout jamais, le traiter avec mépris et tirer sur soi les rideaux : « Puisque nous ne pouvons pas décrocher le soleil, il faut boucher toutes nos fenêtres et allumer des lustres dans notre chambre [5]. » L'agression de ses rayons trop directs, la crudité de sa

1. Joris-Karl Huysmans, *A rebours*.
2. Remy de Gourmont, *Sixtine*.
3. Jules Laforgue, *Moralités légendaires*.
4. Oscar Wilde, *op. cit.*
5. Gustave Flaubert, *Correspondance*.

lumière, le clinquant de son éclat, tout en lui nous répugne. Pas de lieu qui ne trouve grâce à nos yeux s'il n'est situé « loin des tapages du soleil/Et de ses vulgaires orgies[1] ». Quoi de plus surfait d'ailleurs que le ciel qui, à nos yeux, comme un décor de théâtre trop souvent utilisé, semble usé jusqu'à la corde : vieille toile rapiécée avec en son centre un soleil fané.

Ainsi, c'est en bloc que nous condamnons la nature. S'il nous faut choisir notre camp, que ce soit celui de l'intelligence et non celui de cette nature qui l'exècre et qui, trop simple, ne connaît d'autre loi que l'instinct.

Que dire dès lors de ceux qui font de la nature leur idole et qui pensent que c'est en elle seule que se trouvent toutes les réponses qui leur font défaut ? Comme si la nature pouvait ne pas être muette ! Les adeptes du naturalisme l'ont cru et le croient encore. Mais la nature ne donne rien de bon. C'est pourquoi ce mouvement littéraire, dont l'esprit de minutieuse analyse est l'unique mérite, reste pour moi une sorte de mirage, le fantasme grossier d'une collectivité avide de réalité. A notre époque, le surnaturel s'oublie dangereusement. Avant que l'art n'ait définitivement déserté ce monde, il faut à tout prix réprimer « cette monstrueuse idolâtrie du fait[2] », et broyer cette école, « sorte d'encyclopédie impersonnelle[3] », pour que les idées puissent s'élever à nouveau. Naturel ! quelle épithète odieuse ! Assez d'exactitude pour l'exactitude ! Laissons cette

---

1. Théodore Hannon, *Les Rimes de joie,* « Maquillage ».
2. Oscar Wilde, *Intentions.*
3. Anatole Baju, *L'Ecole décadente.*

exigence de vérité à la photographie. La littérature a d'autres exigences, ô combien plus préoccupantes...

Nous ne nions pas pour autant les motivations du naturalisme parce qu'elles furent, à un moment donné, plus ou moins les nôtres et, d'une certaine manière, ont fait de nous ce que nous sommes. Si nous repoussons le matérialisme et la réalité, nous n'en aimons pas moins la précision et la vérité. Huysmans ayant été lui-même, à son heure, un disciple du chef de Médan, a mille fois raison de reconnaître « les inoubliables services que les naturalistes ont rendu à l'art[1] » en plaçant des personnages réels dans des milieux exacts. Je n'accablerais pas Zola injustement, parce qu'il reste Zola : son style précis et la perspective objective de son œuvre demeureront fondamentaux. S'il s'est avéré un écrivain trop massif et trop large, il n'en demeure pas moins un des auteurs les plus puissants de notre siècle. Mais est-il pour autant un grand artiste ? Je dirais plutôt qu'il s'est montré « l'avocat le plus éloquent de la fange humaine[2] », et j'approuve Camille Lemonnier qui l'a déclaré « virtuose de la bestialité[3] ». La tendance de son œuvre est abominable. J'accuse le naturalisme de n'avoir pas su s'élever au-dessus de l'existence commune, d'avoir négligé le sprirituel, de s'être cantonné à exalter un siècle que nous détestons par-dessus tout.

Nous, artistes décadents, nous lui reprochons, à ce siècle, d'avoir été « l'image exacte de cette société

---

1. Joris-Karl Huysmans, *Là-bas.*
2. Léon Bloy, *Propos d'un entrepreneur de démolitions,* « Les Funérailles du naturalisme ».
3. Camille Lemonnier, cité par J.-K. Huysmans dans *Lettres à Théodore Hannon.*

bâtarde faussement appelée républicaine[1] ». Nous
dénonçons le rabâchage de ses idées : amour, adul-
tère, argent, ambition, quel ennui ! Quel manque
d'envergure ! Quel inévitable piétinement ! Il existe
pourtant, dans notre lexique français, deux autres
mots — ô combien plus immenses ! — qui commencent également par la lettre A : art et âme. Ces deux
termes, phares de nos analyses, ont été froidement
évacués du vocabulaire par les naturalistes. Nous ne
supportons plus ces écrivains que Léon Bloy nommait
« les porchers en littérature », dont le cœur est « une
pierre d'évier » et le cerveau « un trottoir pour
toutes les idées publiques[2] ». C'est pourquoi, il faut
désormais, inlassablement, mener la guerre de l'esprit
contre la bête, et ne plus laisser faire à la nature son
œuvre nuisible « d'extradition de l'homme par la
brute[3] ». Est-ce cela ce qu'on appelle le modernisme,
ce réalisme sans imagination, marqué par le sceau
de la vulgarité ? Alors nous ne serons jamais modernes. A la littérature, nous demandons distinction,
charme, beauté et imagination. Voilà pourquoi, à la
vision panoramique du naturalisme, nous voulons
substituer le regard sélectif de notre esthétique.
L'exception est pour nous beaucoup plus excitante
que la généralité. Relisez le premier chapitre du *Là-
bas* de Huysmans, et vous comprendrez combien le
naturalisme, avec « le lourd badigeon de son gros
style » et « l'immondice de ses idées[4] », nous semble
stérile et insuffisant.

Nous voulons le plein épanouissement d'un art

---

1. Anatole Baju, *L'Ecole décadente.*
2. Léon Bloy, *op. cit.*
3. Léon Bloy, *Belluaires et porchers,* « Introduction et préliminaires aveux ».
4. Joris-Karl Huysmans, *Là-bas.*

plus subtil et plus vrai, et nous déplorons que certains écrivains aient pris « la livrée vulgaire de notre époque pour la robe des muses [1] ». Que cesse la littérature du bas-ventre ! Il faut réhabiliter la vraie poésie, celle des états de l'âme, des élévations de l'esprit et de la beauté supérieure. Soyons les plus forcenés des idéalistes, les plus enragés des mystiques de l'art. A vouloir « se confiner dans les buanderies de la chair, rejeter le suprasensible, dénier le rêve, ne pas comprendre que la curiosité de l'art commence là où les sens cessent de servir [2] », le naturalisme, négligeant l'âme et excluant l'idéal, a perdu tous nos suffrages et toute crédibilité.

---

1. Oscar Wilde, *op. cit.*
2. Joris-Karl Huysmans, *op. cit.*

HYMNE A L'ARTIFICE

« De l'inflexible azur du ciel
Irrémédiable ennemie,
Mon âme, tu le sais, ma mie
N'aime que l'artificiel. »

Théodore Hannon, *Les Rimes de joie.*

« Artiste maladif, que l'idéal torture
Et qu'irrite le goût craintif d'un affreux ciel,
Dédaigne la banale et stupide Nature
Et consacre ton cœur à l'artificiel [1] ».

Gloire à l'artifice consolateur ! Lui seul peut nous permettre l'accès au monde du désir souverain...

L'idée de nature est décidément trop obscure, trop chargée de sens et d'histoire. Elle est synonyme de trop de choses : création de Dieu, loi nécessaire, modèle de l'ordre économique et social, mère de la raison. Elle n'a pu être qu'un mirage, un fantasme collectif. Pour moi, la nature n'est qu'un mensonge, un état chaotique incompatible avec l'univers savamment organisé auquel j'aspire. La dénaturation, quelle délivrance !

Je ne suis sensible qu'aux créations dont l'homme seul est responsable. Ne possède-t-il pas maintenant, en dehors de la puissance artistique, les ressources

---

1. Iwan Gilkin, *La Nuit,* « Et eritis sicut dii ».

de la science et celles de la synthèse chimique nouvellement découverte ? Désormais, régulateur des transformations de la matière, l'homme peut faire apparaître des substances nouvelles dont on ne trouve pas l'équivalent dans la nature. « Il n'est, d'ailleurs, aucune de ses inventions réputée si subtile ou si grandiose que le génie humain ne puisse créer ; aucune forêt de Fontainebleau, aucun clair de lune que des décors inondés de jets électriques ne produisent, aucune cascade que l'hydraulique n'imite à s'y méprendre ; aucun roc que le carton-pâte ne s'assimile ; aucune fleur que de spécieux taffetas et de délicats papiers peints n'égalent ![1]. » L'artifice est « la marque distinctive du génie de l'homme [2] ». Que son règne arrive, et qu'un jour la nature disparaisse au profit de son approximative sophistication ! L'ancienne alliance est dissoute : l'avènement de « l'homme naturel » n'aura jamais lieu. Nous avons découvert notre totale solitude. L'authenticité n'a plus cours. Le moment est venu de remplacer l'illusion réaliste par l'imitation, par le « vrai faux ». Il faut substituer « le rêve de la réalité à la réalité même [3] ».

S'affranchir de la nature par l'artificiel permet non seulement de laisser libre cours à l'expression de l'imaginaire, mais aussi d'éprouver le charme et la vérité des masques. L'admirable comparaison de Baudelaire entre la femme naturelle et la femme sophistiquée, parabole de l'antagonisme entre le classicisme et la décadence, revient à ma mémoire : « Il me semble que deux femmes me sont présentées :

---

1. Joris-Karl Huysmans, *A rebours*.
2. *Op. cit.*
3. *Op. cit.*

l'une, matrone rustique, répugnante de santé et de vertu, sans allure et sans regard, bref, ne devant rien qu'à la simple nature ; l'autre, une de ces beautés qui dominent et oppriment le souvenir, unissant à son charme profond et originel l'éloquence de la toilette, maîtresse de sa démarche, consciente et reine d'elle-même — une voix parlant comme un instrument bien accordé, et des regards chargés de pensée et n'en laissant couler que ce qu'ils veulent. Mon choix ne saurait être douteux, et cependant il y a des sphynx pédagogiques qui me reprocheraient de manquer à l'honneur classique [1] ».

La femme, pour paraître surnaturelle et subjuguer notre esprit, doit, sans restriction, emprunter aux arts de la parure les moyens de s'élever au-dessus de la nature et avoir l'insolence de souligner sa beauté. « J'aime les fards et les belles femmes pour le mal qu'il en vient [2] ». La femme le sait bien : « idole, elle doit se dorer pour être adorée [3] ».

Malheureusement, la sophistication de la toilette et du maquillage n'a pas toujours le pouvoir de masquer le naturel de la jeune beauté que je convoite, de me faire oublier la mollesse de sa chair, la texture défaillante du grain de sa peau. Le velouté souverain d'une étoffe de satin que l'on fait glisser entre ses doigts reste un sommet de perfection : « Cela, c'est toute la beauté artificielle, mais c'est réellement, suprêmement beau. Toute beauté naturelle a une tare. Il n'y a pas (...) d'épiderme de gorge ou d'épaule qui puisse me donner une pareille sensation

---

1. Charles Baudelaire, *L'Art romantique,* « Notes nouvelles sur Edgar Poe ».
2. Ray Nyst, *Un prophète.*
3. Charles Baudelaire, *Curiosités esthétiques,* « Eloge du maquillage ».

au toucher[1]. » Oui, la femme est trop réelle et je répugne à l'étreinte directe de ce qui est. Finalement, je me crois capable de tomber amoureux d'une créature artificielle, d'une andréide associant esprit et beauté, dont le charme, figé à jamais, me donnerait l'illusion de l'infinie perfection. Sans l'illusion, tout périt inévitablement...

Afin de s'évader de l'ennui de l'existence et de découvrir des sensations inconnues, il faudrait pouvoir pousser jusqu'à ses extrêmes limites les possibilités de l'imagination humaine. L'exploration prudente et méthodique des paradis artificiels par les stupéfiants reste une de nos tentations les plus vives. Nous savons pourtant que toute drogue, si elle stimule momentanément l'imagination, ne peut guérir le mal de vivre. Moi-même, je n'ai jamais cherché à dissimuler les plaies de mon âme par la toxicomanie. Il me fallait goûter à des poisons rares, à la saveur âcre des narcotiques, « afin de passer par des états de nervosisme jusque-là inconnus, tout à fait surnaturels, hyperphysiques[2] ».

Comme la femme, l'ivresse a de multiples visages. Contrairement à la bouteille de vin qui est une bonne fille, la bouteille d'absinthe est une sombre gueuse. L'éther est une savante amie qui décuple nos facultés mentales et nous inspire une activité prodigieuse de raisonnement. La morphine est une fidèle compagne, une épouse souffreteuse qui, à force de compassion, de langueur et de soupirs résignés, calme l'exaspération de nos nerfs et blanchit notre mélancolie. Le haschisch est une enfant capricieuse, qui vous prend et qui vous quitte, d'une nature aussi

---

1. Rachilde, *Les Hors-Nature.*
2. Edouard Bosc de Veze, *Traité théorique et pratique du haschisch.*

changeante qu'excessive, perpétuellement hésitante entre l'hétaïre et l'aventurière. L'opium est notre noire idole, celle dont les lancinantes caresses nous mettent au supplice sans nous faire souffrir : poison de l'intelligence, elle nous ouvre « le vestibule de la démence et du trépas [1] ».

La piqûre de morphine et la pipe d'opium sont devenues monnaie courante dans le meilleur monde. Il est de bon ton de lire Baudelaire et De Quincey, de parler hallucinations ou d'écrire un essai sur les vices et les vertus des plantes magiques. Beaucoup d'entre nous ont abusé de ces expédients, croyant trouver l'idéal dans ce relâchement simultané de l'âme et du corps, dans cette extase artificielle. Certains ont cru y trouver le stimulant nécessaire à l'élaboration de leur poétique. C'est pourquoi l'esthétique de la décadence est apparue à d'autres comme « un art personnel, suraigu, affamé d'au-delà, un art de haschisch et d'opium [2] ». Mais nous savons tous que « les chercheurs de paradis font leur enfer, le préparent, le creusent avec un succès dont la prévision les épouvanterait peut-être [3] ».

Pour atteindre notre réalité supérieure, il faut non seulement intervenir par l'artifice dans la sensation, mais aussi aller jusqu'au bout de nos féeries imaginatives. Dans le rêve, peut-être trouverons-nous ce point d'équilibre de la vie intérieure où l'hypertension de l'esprit et l'extrémisme esthétique finissent par se confondre. Le songe est cette voie de passage obligée pour qui veut entrer dans la véritable dimension, la nôtre.

---

1. Laurent Tailhade, *La Noire Idole.*
2. Paul Bourget, *Science et poésie, Etudes et portraits,* Livre II.
3. Charles Baudelaire, *Les Paradis artificiels.*

« Que la civilisation est loin de procurer les jouissances attribuables à cet état [1] ! ». Pour nous poètes, qui nous lassons de tout sauf de sentir, le rêve s'identifie à l'idéal. Il va devenir le creuset indispensable où nous allons fondre et confondre les obsessions qui nous tenaillent, les réminiscences qui nous hantent, les tentations qui nous brisent. Il n'est plus le message univoque qu'il pouvait être pour les hommes de l'antiquité ou de la Bible : dans les songes, ce sont des divinités plus confuses et plus obscures qui s'adressent à nous. Comme il est voluptueux de se laisser envahir par une « torpeur hantée de songeries vagues [2] » et de cultiver les images qui déferlent sur nous ! Une sensibilité comme la mienne, qui a épuisé tout ce que la nature pouvait lui offrir de sensations directes, ne peut qu'appréhender les choses à travers leur écho dénaturé.

Puisque dormir hors du réel est impossible, il faut du moins réduire cette frontière illusoire entre le songe et la réalité, pour ne plus avoir à discerner la perception vraie de l'hallucination et du rêve. Je voudrais pouvoir intervenir dans mes propres sensations afin que les idées folles de mes songes deviennent mon unique existence. La réalité n'est que vision : « L'art, c'est la vie vue en rêve [3]. »

Tout art faux provient du retour à la vie et à la nature. C'est la vie qui imite l'art : « L'art, usant de la vie comme matière brute, la recrée, la modèle, et avec une belle indifférence pour les faits, invente, imagine, et dresse, entre elle-même et la réalité,

---

1. Stéphane Mallarmé, *Divagations*, « Un spectacle interrompu ».
2. Joris-Karl Huysmans, *A rebours*.
3. Adolphe Retté, *Les Hommes d'aujourd'hui*, n° 417.

l'infranchissable barrière du style parfait, du décor ou de la manière idéale [1]. » Le mensonge de l'artifice est le but même de l'art...

---

1. Oscar Wilde, *Le Déclin du mensonge.*

ORAISON CONTRE DIEU

« Et j'ai crié : « Seigneur, ton amour est sans
                                        charme !
La souffrance est trop belle, on ne peut l'oublier.
Si la vertu de Dieu ne peut verser de larmes,
Je préfère le mal qui connaît la pitié. »

Maurice Magre, *La Montée aux enfers.*

A l'extrémité d'une longue galerie, nimbée de mystère, une pièce en rotonde, conçue comme la cellule de quelque chartreux où la prière céderait à la méditation morose. Les murs seuls bénéficient d'une lumière singulière, apparaissant comme autant de parois rayonnantes. Un antique prie-Dieu surmonté d'un merveilleux Christ en ivoire sur une croix d'argent, en avant d'un autel janséniste, accentue le caractère ambigu des lieux. Objets de culte divers : bénitiers, candélabres, lutrins, idoles, statues, images, tout concourt à la sublimation panthéiste d'une apparence. Ici on ne prie pas, on ne supplie pas : on s'émeut, sans se livrer.

Je vous vois étonnés par l'atmosphère qui règne en ce lieu... Eh bien, prenez-en possession, scrutez chaque élément du décor à votre aise, et vous comprendrez... Voyez-vous, cette chapelle désaffectée du culte est à l'image de l'Eglise et de la religion actuelles : vide de Dieu. Ce sanctuaire, sans divinité unique, est l'évocation parfaite de cette fin de siècle sans foi, de cette Eglise moribonde. Les efforts tentés au début du siècle pour ressusciter les dogmes affaiblis ont échoué. La vraie foi, celle qui illumina

51

les premiers âges chrétiens de son ardeur éblouissante et totale, a disparu. Et pour cause... Comment voulez-vous que ce siècle de positivistes et d'athées, qui « se fiche absolument du Christ en gloire, contamine le surnaturel et vomit l'au-delà[1] », puisse toucher au sublime ? Comment voulez-vous que nos modernes fidèles, « ces rebutants chrétiens de lourderie[2] », puissent se hausser à la ferveur désintéressée des premiers croyants ? C'est impossible. La gloire immaculée de Dieu a été définitivement évacuée par l'exécrable engouement pour la science et le progrès. Souillure profonde et indélébile... Croyez-vous enfin qu'il soit encore possible de croire, en ce siècle où se dressent tant d'obstacles intellectuels, où les mystères de la création du monde et de la révélation sont remis en question par le positivisme triomphant ? L'idéalisme religieux n'a plus court. Malheureusement, le vieil enfer a cessé depuis longtemps de faire frémir et la terreur de la vengeance divine n'est plus qu'une fable... Reste l'angoisse des poètes, celle des âmes sensibles, la nôtre. N'allons-nous pas nous retrouver bientôt seuls face au néant ?

C'est aussi de ta faute, Dieu mauvais : ne t'es-tu pas laissé bafouer, souffleter par l'humanité ? Ta dégringolade n'est pas encore terminée. Tu n'es plus que ta propre caricature et les cérémonies de ton culte tournent au grotesque. « Ah ! je comprends l'épouvante, la fuite éperdue du XIXᵉ siècle devant la face ridicule du Dieu qu'on lui offre et je comprends aussi sa fureur ! Il est bien las, pourtant, le XIXᵉ siècle, et n'a guère le droit de se montrer

---

1. Joris-Karl Huysmans, *Là-bas.*
2. Léon Bloy, *Propos d'un entrepreneur de démolitions*, « Le Christ au dépotoir ».

difficile ! Mais, précisément, parce qu'il est ignoble, il faudrait que l'ostentoir de la foi fût archi-sublime et fulgurât comme un soleil [1] ».

Moi, je refuse de m'arranger de cette religion souillée. Si l'humanité n'a pas pu se maintenir à la hauteur des premières générations chrétiennes, tant pis pour elle. Nous, décadents, le recul de la foi nous préoccupe, nous ne cessons d'épier la religion. Mais l'Eglise, telle qu'elle est aujourd'hui, n'apporte aucune réponse à nos inquiétudes. Si l'idée du catholicisme me séduit, je ne me sens pourtant soulevé par aucune foi. Les âmes simples peuvent se donner à la religion, alors que la mienne ne peut s'abandonner qu'à elle-même... Pourtant, certains de mes contemporains, de grands prosateurs comme Barbey d'Aurevilly et Léon Bloy, adhérant pleinement au dogme catholique, ont fait un retour à la foi traditionnelle. Peut-être aurai-je un jour la volonté de me laisser glisser au cœur de cette religion que je ne cesse d'observer et qui reste sans doute un des baumes les plus efficaces contre les maux infligés par le monde. Mais si nous sommes réticents à ses lois, si « son clergé jovial et mou [2] » nous indispose, tout ce qui entoure l'Eglise nous ravit : sa liturgie, sa mystique, son art et ses légendes. Notre sensibilité est religieuse, c'est notre âme qui résiste à la foi.

Mysticisme... Ce mot me transporte ! Nous n'avons plus besoin de Dieu : « La foi s'en ira, mais le mysticisme, même expulsé de l'intelligence, demeurera dans la sensation [3]. » Nous œuvrons à

---

1. Léon Bloy, *op. cit.*
2. Joris-Karl Huysmans, *Là-bas.*
3. Paul Bourget, *Essais de psychologie contemporaine.*

l'avènement d'un nouveau mysticisme, un mysticisme sans Dieu. Une nouvelle foi, plus diffuse, sans dogmes ni principes établis. Nous avons le désir de pénétrer toutes les initiations et tous les mystères sans le secours du ciel devenu vide. Si notre âme, autre idole, est impuissante à se sublimer dans la religion, elle est pourtant plus grande que toutes les divinités réunies. Notre Dieu intérieur, celui qui réside mystérieusement en nous, est le seul objet de notre culte. C'est « le maître secret », celui qui n'a point de nom « étant tous les mystères[1] », celui qui, pour nous, prêtres sans reliques, habite les cryptes de nos âmes.

Ce nouveau mysticisme s'épanouira à travers la restauration du catholicisme par l'art poétique : car seule la littérature mystique convient à notre profonde lassitude. Un catholicisme esthétique en somme, une « religion d'art »... « Le catholicisme est le christianisme paganisé. Religion à la fois mystique et sensuelle, il peut satisfaire, et il a satisfait uniquement, pendant longtemps, les deux tendances primordiales et contradictoires de l'humanité, qui sont de vivre à la fois dans le fini et dans l'infini, ou, en termes plus acceptables, dans la sensation et dans l'intelligence[2]. »

Ainsi, si la foi nous manque, tous les signes de la foi retiennent pourtant notre attention. Le catholicisme ne nous intéresse que dans la mesure où il devient une de nos sources esthétiques les plus fécondes. Nous demandons à son art somptuaire, à la magnificence de son décor et au mystère de son architecture, de renouveler notre sensualité blasée,

---

1. Jules Bois, *L'Humanité divine*, « Prière au Dieu intérieur ».
2. Remy de Gourmont, *La Culture des idées*. « Le Paganisme éternel ».

et j'affirme que « l'Eglise a, seule, recueilli l'art, la forme perdue des siècles [1] ».

Regardez autour de vous : par une magie singulière de confusion et d'interpénétration des décors, cette chambre ne ressemble-t-elle pas à une chapelle ? « chapelle-alcôve » ou « chambre-oratoire », lieu saint, en marge du monde, où l'on se retire pour prier ou aimer, espace recueilli où se déroule une nouvelle liturgie faite de volupté et de sainteté mêlées. Nous raffolons des objets du culte parce que nous savons percevoir « l'aphrodisiaque virtualité latente en chacune de ces choses [2] ». Catholicisme de bibelot ! me direz-vous. Eh bien, soit.

Et ce demi-jour qui nous enveloppe... La demi-obscurité qui règne dans les églises, cette lumière kaléidoscopique, réfractée et filtrée par les vitraux ; ce flamboiement interne, nous le recherchons artificiellement parce qu'il mêle un mystère de boudoir au mystère du saint des saints.

Humez cet air capiteux résultant d'une fusion de parfums et d'essences subtiles, cette senteur tiède de chapelle, cette odeur d'encens envoûtante qui nous charme et nous oppresse comme ce parfum pénétrant qui s'échappe d'une chambre préparée pour l'amour.

Erotisme et mysticisme se mêlent inéluctablement dans notre esprit avide de sensations. La tradition chrétienne — et tout son apparat — ne prend sens pour nous que dans son pervertissement. Contemplez cet autel : ce sanctuaire débordant ne ressemble-t-il pas à un lit ?

Le lit est pour nous « une cathédrale érotique [3] ».

---

1. Joris-Karl Huysmans, *A rebours.*
2. Gabriele D'Annunzio, *Il Piacere* ; trad-franç., *L'Enfant de volupté.*
3. Félicien Champsaur, *Lulu.*

Ecoutez Zola décrivant, dans *La Curée*, le lit de Renée : « ce monument, dont l'ampleur dévote rappelait une chapelle ornée pour quelque fête[1]. »

Voyez enfin, sur cet autel, cette profusion sacrilège d'idoles et de statuettes si disparates. Ici, mythes et religions se mêlent, se répondent et s'annulent. L'amalgame des cultes constitue pour nous une véritable tentation. Nous raffolons de ce syncrétisme d'objets hétéroclites accumulés dans la culture occidentale depuis l'antiquité gréco-romaine. Par ce travail de confusion systématique des religions, cette équivalence que nous accordons à toutes les divinités, nous attestons de la perpétuité du paganisme. Dieux de l'Egypte, dieux de l'Inde, dieux de la Grèce se confondent. Isis, Krishna et Apollon cohabitent sur un même autel. Vénus nous ravit autant que la Vierge et Dionysos nous intéresse au même titre que saint Antoine ou saint Sébastien. Ne me dites pas que nous sommes des infidèles parce que nous adhérons à une multitude de religions. Il me semble que « Croire en un seul Dieu et le prier, si c'est un acte pieux, il est d'une piété plus large et plus belle de croire en tous les dieux du panthéon et de leur offrir à tous des fruits et des agneaux. Pourquoi le seul Jupiter ou le seul Jéhovah ? Ont-ils donc démontré leur existence objective mieux que les héros ou les saints ?[2] ».

Notre spiritualisme ne réside pas simplement dans un flux de rêveries mystico-religieuses. Nous avons soif de mystère et d'imprévu. Sans nous soumettre à l'Eglise et à ses dogmes, nous aspirons à la découverte

---

1. Emile Zola, *La Curée.*
2. Remy de Gourmont, *op. cit.*

d'un monde invisible, à la vie spirituelle trop systématiquement refoulée « par les théories matérialistes des savants et par l'opinion mondaine [1] ». Il faut réussir à faire croire à notre élite intellectuelle que l'au-delà existe. Et nous en avons la possibilité, puisque « l'occulte est là, prêt à nous accueillir en ses fascinants abîmes [2] ». L'occultisme est le vertige des faibles et la tentation des forts. Si nous le recherchons, nous n'en sommes pas pour autant, comme beaucoup d'étroits positivistes l'ont prétendu, des névropathes ou des hallucinés. Après tout, n'avons-nous pas notre bible — l'*Histoire de la magie* d'Eliphas Lévi —, nos mages — le Sâr Péladan, Jules Bois ou Paul Adam —, et nos revues — *L'Initiation* ou *Le Voile d'Isis* ?

Dans les périodes de trouble et de fermentation comme celle que nous vivons, la doctrine ésotérique, sous ses différentes formes (occultisme, mysticisme, magie ou kabbale), ressuscite. « L'ésotérisme, voilé et inécouté en temps normal, apparaît aux ères inquiètes avec une puissance supérieure et y exerce sur les âmes un attrait et une fascination [3]. » Pourquoi cette volonté de résurrection ? Nous éprouvons à l'égard des institutions une grande lassitude. Nous cherchons anxieusement une nouvelle direction dans le mystère de l'inexploré : « Et si, par extraordinaire, cet Esotérisme singulier qui apparaît ainsi dans toutes les heures de crise était le libérateur dissimulé, le sauveur masqué ? [4]. » Nous autres, décadents, ne sommes pas des esprits actifs, fermes et hardis. Mais notre subtilité nerveuse, notre étendue d'impression

---

1. Edouard Schuré, *Les Grands Initiés*, « Préface ».
2. Gilbert Augustin Thierry, *Récits de l'occulte*, « Avant-propos ».
3. Albert Jounet, *Esotérisme et socialisme*.
4. *Op. cit.*

et notre souplesse de sensation intellectuelle nous donnent « la voyance de certains mourants [1] ». Nous vibrons à l'intuition de l'inconnu. Nous pressentons dans la nouvelle croyance en l'occulte une vérité cachée. Si nous n'avons pas l'ardeur logique que nécessite toute réalisation, nous possédons une finesse de devin. Nous sommes capables d'« entrevisions subtiles de la décadence [2] ». Si nous nous entêtons dans cette recherche tâtonnante de la quintessence spirituelle, par les voies du catholicisme esthétique ou celles de l'ésotérisme, nous réussirons peut-être à faire perdre au matérialisme un peu de sa puissance...

Si notre quête avide d'idéal s'est dirigée vers les territoires inexplorés de l'au-delà, cela signifie simplement que la religion judéo-chrétienne n'a pu retenir nos âmes, peut-être obstruées par trop de raffinements. Nous avons cherché Dieu en vain, et le ciel, source de nos constantes interrogations, ne nous a jamais présenté autre chose que le spectacle d'une vaste orbite noire. Nous tendons « des mains sans espoir vers un ciel qui recule [3] ». Dieu le père a perdu toute crédibilité. Comment voulez-vous que nous honorions un Dieu qui s'est abaissé à être un corps qui parle, lui qui ne devait s'exprimer que par la langue trancendantale du silence ? Nous sommes obligés de constater la chute de Dieu, devenu soudain insuffisant. Jamais, comme aujourd'hui, le geste créateur n'a autant été remis en question, que ce soit par le darwinisme ou, dans nos écrits, par Dieu le Père lui-même ! En proie au doute, Dieu s'interroge sur les raisons profondes de la création

---

1. Albert Jounet, *op. cit.*
2. *Op. cit.*
3. Jules Bois, *L'Humanité divine*, « Le Dieu cruel ».

d'Adam et Eve. Est-ce folie ou devoir ? Est-ce l'envie d'être comme l'homme « grand par souffrance et non par majesté [1] » ? L'ineffable aurait-il succombé à la tentation du mal ? Si Dieu lui-même est attiré par la sphère ténébreuse, il n'y a plus de grandeur souveraine. Comme les hommes, le Tout-Puissant commet des fautes : « Et la création est le péché de Dieu [2] ».

Prenez le paradis terrestre : quel ennui ! Cela fait bien longtemps que personne ne tente plus de pénétrer dans l'Eden et que « ne pousse plus aucun fruit sur l'arbre de la science [3] ». Adolphe Retté a bien su ridiculiser l'archange Michel, ce portier grotesque du paradis, qui « baille à se décrocher le condyle [4] » et qui songe avec envie aux voluptés de l'Enfer : « C'est ridicule à la longue ; cela finira mal (...). Comme Satan a bien fait de se révolter ! On dit qu'il s'amuse beaucoup là-bas... Ah ! Si c'était à recommencer !... [5] » Pour nous, désormais, la tentation se trouve à l'extérieur du jardin. C'est là que commence la grande aventure... Nous bénissons l'expulsion d'Adam et Eve. C'est uniquement après la chute que la volupté est possible.

Dieu, tu ne nous tentes plus avec la promesse de ton paradis : Tu nous fais horreur. Comment réparer le mal que tu as fait, toi, le Créateur ?

« Tu créas par plaisir le monde et les douleurs
Et les milliers et les milliers de maux infâmes
Qui gangrènent les chairs et torturent les âmes

---

1. Albert Jounet, *Le Livre du Jugement*, « La Création ».
2. *Op. cit.*
3. Adolphe Retté, *Treize Idylles diaboliques*, « Démiurge ».
4. *Op. cit.*
5. *Op. cit.*

(...)
Triple lâche, abusant de ta force infinie
Pour jouir de nos maux et de notre agonie,
Sache que nous valons mille fois mieux qu'un
Dieu !
Notre mépris te frappe au fond de ton ciel
bleu [1]. »

Ton propre fils aussi se révolte contre toi, le sauveur qui tenta d'expier tes crimes sur la croix. Tu l'as trahi ! Ecoute sa plainte et vois son amertume :

« Tout cela, Dieu puissant, mon Père, par ta
faute !
Voilà ton univers ; voilà l'homme son hôte (...)
Le voilà, ton chef-d'œuvre, ô Père, — ou ton
péché.
Penses-tu l'expier, crois-tu sauver le monde
En me crucifiant sur cette croix immonde ?
Moi qui souffre et qui meurs pour ta honte, ô
mon Père,
Je t'accuse ! Car c'est par toi qu'on désespère
(...)
Dans tous les paradis tu glisses la couleuvre :
Le démon n'a rien fait de pire que ton œuvre
Et lui-même est ton fils, et le plus malheu-
reux ! [2] »

Le Christ nous fascine. Non le personnage historique mais le personnage mythique. Le Christ en gloire ou le Christ dogmatique ne nous intéressent pas. Seul nous parle le Christ profondément humanisé, comme l'a réinventé Renan dans sa *Vie de Jésus*. Félicien Champsaur a voulu faire le roman du vrai Jésus dans « sa nudité troublante ». Abandonné par son Père, le Christ est vulnérable. Il n'est plus qu'un

---

1. Iwan Gilkin, *La Nuit,* « Le Démon du calvaire ».
2. *Op. cit.*

simple prophète : « une sorte de révolutionnaire israélite, sans violence, que les apôtres ont déifié (...) Un pauvre rêveur et parleur d'il y a vingt siècles, que les femmes de mauvaise vie assistaient de leurs biens [1] ».

Ainsi, nouvel ange déchu, ce « pauvre Juif asexué » qui, ravalé à l'humaine condition, en éprouva les malheurs et les tentations, peut encore nous émouvoir. C'est pourquoi nous, les artistes maudits de ce siècle finissant, n'hésitons pas à nous identifier au Christ.

Mais, avant tout, nous sommes de grands démolisseurs et d'habiles faussaires. Nous ne pouvons rien laisser intact. Inutile de vous dire que nous profitons largement de la déperdition de l'image du fils de Dieu pour mieux l'orienter du côté de la perversion. Nous voulons même usurper sa place sur la croix.

Après tout, l'œuvre que nous poursuivons n'est-elle pas une sorte de réécriture sacrilège de la Genèse en vue de la mise en place d'un nouvel Evangile ? Que voulez-vous, nous recherchons dans le mal une extase infinie... Mais nous n'agissons pas ainsi uniquement pour le plaisir. Que les choses soient claires ! Si nous outrageons le Christ, c'est parce qu'il s'est laissé traîner au « dépotoir » par la bassesse originelle des hommes : « Cette face sanglante de crucifié qui avait dardé XIX siècles, ils l'ont rebaignée dans une si nauséabonde ignominie que les âmes les plus fangeuses s'épouvantent de son contact et sont forcées de s'en détourner en poussant des cris. Il avait jeté le défi à l'opprobre humain, ce fils de l'homme, et l'opprobre humain l'a vaincu (...) Maintenant il succombe sous l'abomination du

---

1. Félicien Champsaur, *Le Crucifié*.

respect [1]. » Finalement, nous n'avons plus le choix : il faut nous arranger de ce « rédempteur souillé » et aller le chercher dans les ordures. Après tout, le Christ a failli à ses engagements et n'a pas tenu ses promesses. Ne devait-il pas racheter les hommes ? « Jésus, Artisan des supercheries, Larron d'hommages, Voleur d'affection [2] », s'exclame le chanoine Docre, profanateur immonde et dérisoire du *Là-bas* de Huysmans.

Le Christ est vulnérable : nous pouvons l'atteindre dans sa représentation traditionnelle, en violant la quiétude de son corps, en érotisant sa Passion. Souvenez-vous du Christ infâme qui se trouve dans la chapelle où se déroule la messe noire : « On lui avait relevé la tête, allongé le col et des plis peints aux joues muaient sa face douloureuse en une gueule tordue par un rire ignoble. Il était nu, et à la place du linge qui ceignait ses flancs, l'immondice en émoi de l'homme surgissait d'un paquet de crin [3]. » La gravure de Félicien Rops intitulée *Le Calvaire,* planche extraite de la série des *Sataniques,* est aussi très suggestive : elle nous offre le spectacle hideux d'un Christ en rut. Vous comprenez que nous ne nous contentons pas d'humaniser Jésus à l'extrême, puisque nous n'hésitons pas à le ravaler ensuite au rang de bête...

Le processus de désacralisation et de dégradation appliqué à la personne du fils de Dieu n'est pas obligatoirement obscène. L'attentat contre son corps ne s'effectue pas obligatoirement par le moyen sacrilège du retournement grossier. Nous pouvons

---

1. Léon Bloy, *Propos d'un entrepreneur de démolitions,* « Le Christ au dépotoir ».
2. Joris-Karl Huysmans, *Là-bas.*
3. *Op. cit.*

également détourner le corps du Messie du côté de la beauté et de l'ambiguïté. Alors, de mâle « dans tout ses états », Jésus se transforme en « Adonis de Galilée », en Christ de volupté délicatement sensuel et parfaitement païen. Ecoutez la description qu'en fait Jean Lorrain lorsqu'il évoque pour nous une peinture équivoque représentant la descente de croix : « Je ne reconnaissais pas le corps du Christ (...) il avait, ce crucifié, des rondeurs et des gracilités d'éphèbe, et jusque dans son doux visage d'asiatique imberbe aux lourdes paupières de bistre et aux lèvres sinueuses d'un dessin à la fois méprisant et cruel, il avait, ce Jésus, comme un charme équivoque, une attraction perverse qui m'intriguait [1]. » Voilà comment une androgyne divinité orientale peut usurper la place du pur et sublime rédempteur des hommes, comment Eros peut se substituer au Christ par le moyen d'un pastiche sacrilège.

Il aurait fallu, pour pouvoir sauver le Fils de Dieu de la décadence, l'élever à l'ésotérisme. Il aurait fallu que le Christ glorieux reprenne définitivement la place du Christ douloureux. Ainsi, explique Albert Jounet, « l'idéal, ce vaincu des siècles sera vainqueur [2] ».

Mais puisque l'au-delà du bien n'a aucune chance de triompher en ce siècle vil, nous recherchons dans l'au-delà du mal une béatitude nouvelle, et la décadence du Christ nous amène tout naturellement à son contraire, à celui qu'on nomme l'Antéchrist, le fils de Lucifer, le faux Messie. Le fils de Dieu est devenu un personnage banal, aigri, fatigué, qui, se

---

1. Jean Lorrain, *Buveurs d'âmes*, « Sur un Dieu mort ».
2. Albert Jounet, *Esotérisme et socialisme*, « Le Christ ésotérique ».

révoltant contre son créateur, a cédé le pas à l'Antéchrist, son reflet inversé. Dans le Nouveau Testament, la deuxième épître de Paul aux Thessaloniciens annonce la venue du fils de la perdition, juste avant la fin du monde. L'arrivée de l'impie, de « celui qui se dresse et s'élève contre tout ce qu'on appelle Dieu ou qu'on adore », se manifesterait par toutes sortes de prodiges trompeurs. Cette tradition du profanateur qui viendrait parmi les peuples pour en être le dernier Dieu ne pouvait pas nous laisser indifférents. Avant Ernest Renan en 1873, Gustave Flaubert, dans la première version de *La Tentation de saint Antoine,* avait déjà récupéré, en 1849, la figure maudite. Ecoutez le Diable présenter son fils : « Il naîtra dans Babylone, il sera de la tribu de Dan et fils d'une vierge aussi, d'une vierge consacrée au seigneur qui aura forniqué avec son père ; je me glisserai comme le Saint-Esprit dans le ventre de sa mère, il se gonflera de mon souffle et je développerai sa vie (...) Il sera beau, les femmes déliront à cause de lui ; il ouvrira la bouche, les oreilles se tendront pour l'écouter (...) Il établira des gladiateurs sur le calvaire, et à la place du Saint-Sépulcre un lupanar de femmes nègres, qui auront des anneaux dans le nez et qui crieront des mots affreux[1]. »

Cet amoindrissement de Jésus, devenu subitement « si pâle, si décadent[2] », nous l'avons mis en scène, dans le sillage de Flaubert, en modernisant la figure triomphante du perfide imitateur. Peuvent même coexister plusieurs Antéchrists qui prêcheraient le mal et feraient de la perversité le maître mot des

---

1. Gustave Flaubert, *La Tentation de saint Antoine,* première version, 1849.
2. Friedrich Nietzsche, *L'Antéchrist.*

temps modernes : « Nous sommes les très doux blasphémateurs des temps modernes / Et l'élixir du vice, en toute âme qui croit / Nous le verserons petit à petit comme on grise [1] ». Ecoutez également cet étrange prophète : « Comme je vous ai dit de prendre les vices pour en faire un autre avenir, je vous dis de prendre la perversité pour levier, qui nous aidera à bâtir ce temps-là [2] ».

Comme l'avait fait le Christ, l'Antéchrist se révoltera contre son père : « Je hais Satan. Il a créé l'œuvre sans nom de mon intelligence [3]. » Il s'élèvera aussi contre sa condition et celle de son faux frère :

> « Je sais souffrir debout lorsque lui s'agenouille
> (...)
> Devant mon supplice maudit
> Christ n'est qu'un Dieu déchu digne de la grenouille [4]. »

Mais la révolte du faux Messie ne nous a pas suffi. Encore une fois, contaminant tout ce que nous touchons, nous avons banalisé, pour l'adapter à nos préoccupations immédiates, la figure de l'Antéchrist : l'imposteur est devenu un mauvais prêtre, comme *L'Abbé Jules* d'Octave Mirbeau ou le *Lucifer* de Ferdinand Fabre. Edmond Haraucourt, lui, signe définitivement la décadence de l'Antéchrist en en faisant un prophète sans puissance qui, n'arrivant pas à se faire crucifier à la fin, reprend sa vie ordinaire et s'embourgeoise : « Et quand il s'éteignit, il ne fut point damné, car Dieu n'existait plus [5]. »

---

1. Jules Bois, *Prière*, « Les Antéchrists ».
2. Ray Nyst, *Un prophète*.
3. Albert Jounet, *op. cit.*
4. Jules Bois, *L'Humanité divine*, « Le faux Messie ».
5. Edmond Haraucourt, *L'Antéchrist*.

Mais laissons là ce fils si ridicule pour nous tourner vers Satan, son père. Nous lui reconnaissons la toute-puissance, et nous espérons qu'il gardera son pouvoir afin d'échapper à notre inévitable et dévastatrice dérision...

HYMNE A SATAN

« Ô Satan, toi qui es l'ombre de Dieu
et de nous-même, j'ai écrit ces pages
d'angoisse pour la gloire et pour la honte. »

Jules Bois, *Le Satanisme et la magie.*

Rendons gloire ensemble à Satan. Adressons-lui nos louanges et nos requêtes parce qu'il a pris la place de Dieu. Soyons fier de celui dont la splendeur noire inonde notre esprit et tente notre chair lassée. Oui, la puissance du Diable est infinie parce qu'il est partout, lui, le mal universel. Non content d'être le propriétaire de ce monde, il règne aussi aux tréfonds de l'homme.

Quelque chose d'indicible et de voluptueux m'enchaîne au seigneur des maléfices et j'aurais tant voulu écrire cet Hymne à Satan :

« Toi, la double énergie en sa lutte profonde,
Flamme exterminatrice et lumière féconde,
Ame de l'univers, Sperme brûlant du monde
(...).

Contempteur, Destructeur, Novateur, triple Roi,
Toi, notre unique loi, toi, notre unique foi,
Satan, nous élevons nos cœurs brûlants vers toi !

Ton esprit inventif ne peut se satisfaire

69

De la banalité des cieux et de la terre
Et ton ricanement accuse Dieu le père (...).

Mais rongé de pitié pour la maigre Nature,
Tu créas les beaux-arts, le luxe, la parure
Et les rites savants de la grande luxure.

Sans ta rébellion Dieu n'aurait pu rien faire.
Tous les êtres sont nés du feu de ta colère.
Nous te glorifions, Satan, notre vrai père ! (...).

Satan ! Satan ! Satan ! Toi seul es charitable !
Toi seul es généreux ! Toi seul es redoutable !
Il faut connaître Dieu pour adorer le diable !

Satan, écoute-nous ! Satan, exauce-nous !
Satan, étends ton bras sur ton peuple à genoux !
Et donne-nous la paix des sages et des fous ![1]. »

Sans son intervention, « l'existence n'aurait aucune vie »... Le monde contemporain est un monde revu et corrigé par Satan. Nous devons tout à ce suprême civilisateur qui nous initia aux voluptés les plus interdites, nous donna la prospérité, et nous permit l'évolution et la culture.

Il a tout fait pour nous et a joué de si nombreux rôles, que nous pouvons lui prêter une multitude d'appellations, à lui, l'innommable. Pour la multitude, il reste le Prince des Ténèbres ou le Sombre Seigneur. Mais pour nous qui nous soucions si peu de l'opinion publique, il est le représentant nécessaire de certaines fonctions et spécialités. Léon Bloy le désigne ainsi comme « le geôlier de l'irrévocable[2] », et Huysmans le qualifiera tour à tour de « Suzerain

---

1. Iwan Gilkin, *La Nuit,* « Hymne à Satan ».
2. Léon Bloy, *Belluaires et porchers,* « L'Idole des mouches ».

des mépris », de « Comptable des humiliations » et de « Tenancier des vieilles haines [1] ».

Son omniprésence est telle que nous lui avons donné une apparence multiforme. Ses traditionnels aspects de diablotin aux pieds fourchus ou de grand démon phosphorescent ne nous font plus, comme vous pouvez l'imaginer, aucun effet. Par contre, lorsque Satan exhibe sa nudité provocante, lorsqu'il devient lubrique et caricatural, il nous intéresse au plus haut point. Jules Bois fait du Diable un grand bouc immonde : « ... mais ce qu'il exhibe avec une ignominie sans égale, c'est sa virilité sacrilège, l'organe démesuré, entortillé, aux piquants de hérisson, et qui semble de bois ou de corne ou un fer rouge... Le voilà le dieu à rebours, ce Dieu de l'Inceste ! [2] ».

Comme nous l'avons fait pour le Christ ou l'Antéchrist, nous avons changé le statut de Satan, humanisé le Diable : d'antique ennemi, il est peu à peu devenu le moderne compagnon, l'ami intime.

A priori, on peut penser qu'il y a incompatibilité totale entre ce qui constitue les traits caractéristiques de la modernité, telle qu'elle triomphe à notre époque, et ce qui fait l'essence immémoriale du Diable. Y a-t-il un point de rencontre possible entre un siècle qui exalte le positivisme et la raison, qui dénonce l'illusion religieuse, et une figure mythique qui a son point d'ancrage dans cet irrationnel que notre époque cherche justement à dépasser ? Ce point de rencontre existe, mais de cette rencontre, la figure de Satan ne peut pas sortir intacte : à être

---

1. Joris-Karl Huysmans, *Là-bas.*
2. Jules Bois, *Le Satanisme et la magie,* « Le Sabbat ».

ainsi immergée dans la modernité, elle va être contaminée par ce qui la caractérise, dans un processus d'amalgame que définissent les deux idées de négation et de dispersion.

Comment croire encore au diable dans un monde qui déjà ne croit plus en Dieu ? Comment imaginer encore le surgissement de la créature grotesque et médiévale dans tout son appareil traditionnel et bestial ? La modernité rend tout cela impossible. Ecoutez le diable contemporain que Louis Ménard nous présente : « L'hébreu est une langue morte ; soyons de notre temps ; vous voyez bien que je n'ai pas le pied fourchu [1]. » Mais si nous nions Satan, il n'en disparaît pas pour autant de notre univers quotidien. Il continue à occuper notre esprit dans une dispersion d'images altérées.

Confronté au monde moderne, le diable abandonne les fastes de ses anciennes légendes. Il est sur terre et nous pouvons le côtoyer. Il n'est plus question de répéter la grande scène de la tentation évangélique ou faustienne ni d'explorer les cercles concentriques de l'Enfer dantesque. Dans l'Europe de notre fin de siècle, Satan a perdu de sa grandeur. De cet amenuisement, Camille Lemonnier, en parlant de *La Tentation de saint Antoine* de Félicien Rops, s'est fait le témoin : « du génie horrifique qui présidait aux Géhennes, il ne reste qu'un Diable narquois, affublé d'un domino rose [2] ».

Quels sont les lieux ou les décors dans lesquels

---

1. Louis Ménard, *Rêveries d'un païen mystique,* « Le diable au café ».
2. Camille Lemonnier, *La Plume,* n° 172, « Une tentation de saint Antoine de Félicien Rops ».

nous pouvons rencontrer Satan ? Plus de Pandémonium, plus de cité de Dité, plus de désert, mais la ville et ses boulevards, le salon mondain, le café ou même l'intimité d'un « home ». Le Diable est parmi nous, et on peut le rencontrer partout : « Je ne sais pas si il existe, mais je crois bien l'avoir rencontré au café Procope. Il y vient souvent et ne parle à personne ; seulement, quand il y a une conversation animée, il est toujours de ceux qui font le cercle pour écouter [1] », remarque Louis Ménard.

Moi aussi, le diable je l'ai vu, vous dis-je. Il est désormais devenu un de mes familiers. Il me semble le connaître de toute éternité. Sa figure n'a rien d'extraordinaire, puisqu'il ressemble à tout le monde. Il est le passant anonyme de la cité moderne, celui qui n'est personne car il est tout le monde, celui qui est unique parce qu'il est pluriel : « On pouvait l'appeler Lucifer si l'on voulait. Il avait d'autres noms. Les simples le représentaient avec des cornes, velu et tenant une fourche. Chacun à son gré pouvait lui donner une autre image. Lucifer, c'était un philosophe chauve, une jeune femme nue sur un lit, un officier qui sort de Saint-Cyr [2]. » Moi, je tracerai à ma manière la silhouette du Satan moderne : l'homme en habit. C'est curieux... Dans notre fin de siècle, pour que le diable apparaisse, il faut soit qu'une femme se déshabille, soit qu'un homme s'habille, comme si le démon ne pouvait se matérialiser que dans ces figures opposées que Baudelaire avait identifiées : la femme et le dandy.

Félicien Rops voulait, pour sa *Tentation de saint*

---

1. Louis Ménard, *op. cit.*
2. Maurice Magre, *Lucifer.*

Antoine, représenter le Malin en homme du monde, donner corps à un Satan plausible, vraisemblable et contemporain : « Un Satan en habit noir, un Satan moderne, représentant l'esprit éternellement lutteur (…) Malheureusement, un Satan en habit noir eût encore moins été compris et j'ai dû le remplacer par un Satan de fantaisie, ce qui est plus banal[1]. »

Ainsi, nous avons très souvent fait du Diable un dandy. Jean Richepin parle d'un « monsieur fort bien mis » et du « plus correct des modernes dandies » dont les habits mêlent « leurs discrets accords de toilette sobre et terne[2] ». Diable… Que j'apprécie la figuration aristocratique de ce Satan épris de distinction, qui se montre en se dissimulant, et se fabrique, avec des riens, une supériorité mystérieuse !

Mais de métamorphoses en métamorphoses, le Démon finit par se loger dans l'intimité de chaque conscience : après son entrée dans le monde, il fait son entrée dans nos esprits. On ne le rencontre plus sur les boulevards, mais il a élu domicile dans nos consciences. Satan est en nous. Il est cet esprit de contradiction intérieur, ce refus de la logique qui fait progresser le raisonnement et préciser l'argumentation. Il est la pure réfutation : « Vous n'obtiendrez pas de moi une affirmation ; cherchez. Moi je suis l'Adversaire, mon rôle est de contredire. Chaque fois que vous croirez tenir une solution, je serai là pour y jeter du noir. Je vous empêcherai bien de vous endormir dans la certitude, qui est l'inertie de l'intelligence[3]. » Oui, les Enfers sont intérieurs, et

---

1. Thierry Zéno, *Les Muses sataniques. Félicien Rops*, correspondance.
2. Jean Richepin, *Les Blasphèmes*, « L'Apologie du Diable ».
3. Louis Ménard, *op. cit.*

le Diable n'a plus d'autre lieu à occuper que ce débat perpétuel qui se déroule dans notre conscience. « L'analyse, c'est le Diable [1]. »

Il existe donc des figurations modernes de Satan, mais il existe aussi des tentations sataniques de la modernité. Notre fin de siècle est habitée par le démoniaque : même si elle repousse le diable, elle se sait possédée. C'est étrange... Totalement contaminée par un démon auquel elle ne croit plus, elle absorbe tous les traits caractéristiques du diabolique ! Satan l'innommable, faisant croire que le progrès moral existe, a pris les attributs de la modernité pour mieux asseoir sa puissance et continuer à agir en secret. La plus belle des ruses du Diable n'est-elle pas de nous persuader qu'il n'existe pas ? Baudelaire et Huysmans l'ont affirmé. Si Satan a réussi à se faire réfuter comme apparence, c'est pour mieux affirmer sa présence que nous ressentons fortement à travers les trois tentations majeures du monde moderne : l'argent, l'orgueil et le sexe.

L'argent — « la plus désarçonnante des énigmes [2] » — c'est le Diable. Il a beaucoup de noms : Bourse, commerce, banque, coffre-fort, capital... Il rend lubrique le plus chaste et peut détruire l'âme et le corps. Mais surtout, avec ses légions de banquiers, il place le monde moderne sous son contrôle. Jusqu'où cela peut-il aller ? Je ne suis guère optimiste : « Demain, ce sera aussi l'effroi des peuples devant la féodalité financière arrivée à son apogée. — La

---

1. Léon Bloy.
2. Joris-Karl Huysmans, *Là-bas.*

guerre pour la vie, impossible sous l'oppression des Rois, des Princes, des Barons de l'argent [1]. »

Il existe aussi une correspondance entre l'esprit des lumières, qui cherche à s'incarner dans un siècle positiviste, et la figure de Satan, l'ange déchu. Nous considérons le progrès comme luciférien, c'est-à-dire comme la manifestation de l'orgueil d'une humanité qui se croit en mesure de devenir divine elle-même par la technique, la puissance matérielle et la raison. Quel erreur ! Quel gâchis ! Pourquoi notre époque ne parle-t-elle que de progrès ? Pourtant, « ... il n'a pas inventé grand-chose, ce misérable siècle ! [2] »

Quant à l'amour... Ah ! nous allons en parler de cet amour maudit qui « ... vous ride le cœur, le cerveau, les moelles et vous laisse brisés, anéantis, souillés [3] ». La femme et Satan possèdent le monde par le sexe. Tous deux s'associent pour finir par se confondre. D'ailleurs, en notre fin de siècle, la féminisation de Satan est totalement établie. Et ce que femme veut, pourrait-on dire, le Diable le désire...

Si vous voulez toujours rester à mes côtés, suivez-moi... Entrons « dans le cycle maudit des Géhennes lubriques ou la démone neuve appelle dans sa chair toute l'extase satanique de l'Enfer [4] ». Que voulez-vous, la modernité a élu domicile dans le bas-ventre ! Et le diable, c'est le sexe de la femme lui-même, et le sexe de la femme, c'est « l'organe du Diable », « comme si, en notre siècle électrique, Satan pouvait

---

1. Félicien Champsaur, *Masques modernes*, « Les Décors de Paris ».
2. Joris-Karl Huysmans, *op. cit.*
3. Octave Mirbeau, *La Plume*, n° 172, « Félicien Rops ».
4. Jules Sottiaux, *La Wallonie héroïque*, « Félicien Rops ».

apparaître ailleurs que sous un rouge collant de femme dans une lumière d'apothéose théâtrale [1] ».

---

1. Octave Uzanne, *Les Surprises du cœur*, « L'organe du Diable ».

ORAISON CONTRE LA FEMME

« Oui, Lilith, je te donnerai l'homme, je le mettrai en ton pouvoir afin que tu l'avilisses, afin que ses larmes soient ridicules, afin que ses joies soient des hontes, afin que sa maison soit un hôpital et son lit un lupanar ! Quant à la femme, j'en ferai ce que tu es... Elle criera après le plaisir comme une mère après son petit qu'une louve emporte dans sa gueule ».

Remy de Gourmont, *Lilith*.

Une vaste antichambre apparaissant comme un commence-ment mais aussi comme un refus, une fin de non-recevoir. Y flottait comme un parfum de volupté focalisé en son centre, au-dessous d'un immense lustre, multipliant les reflets de verre et de métal, jusqu'à l'illusion ressentie d'une atmosphère palpitante, irisée, s'épanouissant dans une sorte de demi-jour transparent. Divans, ottomanes, dais à la polonaise, draperies, tout concourt à la sensualité, à un érotisme que la présence féminine ne peut pénétrer autrement que dans l'immobilité des Lédas et des Dianes de marbre qui ne peuvent s'échapper des riches tentures. Tout se concentre en ce lieu où devrait s'annoncer le mystère et le sacrifice de la chambre. Ici, rien ne s'amorce, nous sommes baignés dans la triste magnificence d'une crypte mondaine.

La femme est, par excellence, le suppôt de Satan le plus zélé. « Et si je pouvais croire à l'enfer, je ne craindrais pas d'affirmer que c'est le seul sergent recruteur du noir séjour[1]. » Ce rôle d'ambassadrice ou de simple émissaire ne pouvait lui suffire. Le pouvoir maléfique que le Diable, en grand seigneur,

---

1. Octave Uzanne, *Les Surprises du cœur*, « L'organe du Diable ».

avait eu la courtoisie de lui déléguer — n'était-elle pas son élève la plus douée ? — ne satisfaisait pas son abominable ambition, puisqu'elle n'a pas craint d'évincer son maître afin d'usurper sa puissance. Plus qu'une forme séduisante du Diable, je crois que la femme est Belzébuth en personne. D'ailleurs, nous n'avons pas hésité à la rebaptiser : elle devient Satane ou Méphistophéla, cette femme obsessionnelle, dont la présence incontournable, troublante et définitive nous attire et nous révulse à la fois. Sa duplicité démoniaque aggrave encore l'enfer de nos vies, ce qui est, au fond, loin de lui déplaire.

Ecoutez-la : « Me voici au fond de l'abîme, c'est-à-dire au faîte. Je suis Dieu [1]. » Souveraine dominatrice, dangereuse magicienne, illustre damnée, qui que tu sois, tu es la plus vive de mes hantises. Tu respires le mal, Fleur de l'Enfer :

> « Ton âme satanique en mon âme s'infiltre.
> Mon cœur boit ta présence impure comme un filtre
> Et je ne connais plus le Dieu que je servais [2]. »

Oui, la démone nouvelle est infiniment plus terrifiante que le Diable parce qu'elle constitue une atteinte directe à l'intégrité de notre esprit. Elle représente l'Enfer avoué, la conscience dans le mal.

Notre temps verra-t-il l'apothéose de l'Eve éternelle et démoniaque ? Pouvons-nous lutter contre la femme « créature de luxe, de luxure et de perdition [3] », objet de nos lancinants désirs et de nos convoitises les plus

---

1. Jules Bois, *Le Mystère et la volupté,* « La Courtisane Hélène ».
2. Iwan Gilkin, *La Nuit,* « Le Possédé ».
3. Jean Lorrain, *Sensations et souvenirs.*

secrètes ? Si nous ne pouvons la soumettre, tâchons, à travers nos œuvres, de la démolir, essayons de l'évacuer du champ sacré de l'art et de nos préoccupations. Si nous n'avons pu, jusqu'à présent, détruire l'indestructible, nos multiples tentatives d'extermination, qu'elles soient verbales ou picturales, commencent à aboutir.

Notre misogynie touche à la névrose. La montée du pouvoir féminin coïncide, pour nous, avec la déchéance de la société tout entière. Tout accès d'antiféminisme est un signe de dégradation des valeurs. Ainsi, « plus la femme a d'importance et de pouvoir dans une civilisation, plus la décadence est grande [1] ». « Toute société qui se perd et toute société qui se forme donne beaucoup d'importance aux femmes [2]. » Nous aimons ces temps-là, souvent voués au plaisir : « La virilité y a besoin d'excuse ; et il est vrai qu'elle passe à l'état de souvenir (...) Les siècles féminins, qu'on dit les plus déchus, ont un étrange sourire entre souffrance et volupté... [3]. »

Le règne de la femme-maîtresse est le ferment des mœurs nouvelles. Nous ne parlons ni de la belle dame sans merci ni de l'héroïne romantique nimbée de douceur et de mystère.

Nous dénonçons l'Autre, l'intrigante, celle qui se pâme, celle qui se pavane, celle qui se vend. Nous nous élevons contre la Parisienne affolée de luxe et d'élégance, la créature de nerfs et de fards, la faunesse enlaçante et lascive. Nous exécrons par-dessus tout l'étalage de sa bêtise et de sa suffisance. Comment pourrait-elle encore nous émouvoir, cette

1. Joséphin Péladan, *La Plume*, n° 172, « Les Maîtres contemporains ».
2. André Suarès, *Idées et visions* .
3. *Op. cit.*

83

femme dépouillée de mystère et d'élévation ! N'est-elle pas étrangère à toute grandeur d'âme ? « Esclave à plaindre ou tyran à mépriser, la femme vibre à tout, ne raisonne à rien, inconsciente dans la sublimité et dans la boue, elle reste éternellement réfractaire à l'idée [1]. »

Qu'on ne nous parle plus d'idéalisation de la femme. Toute promesse d'idylle romanesque ne se termine-t-elle pas le plus souvent en cauchemar ? Oui, nous sommes des anti-pétrarquistes forcenés, particulièrement sensibles « à l'énervante sottise, à l'irritante médiocrité des femmes [2] ». Pourquoi ne pas souligner leur « crucifiante réalité [3] » et leur « impitoyable saleté d'âme [4] » ! Tous les types de femmes qui sévissent dans notre société déclinante sont décidément trop fades ou trop vils. « Il y a dans la jeune fille toute l'abjection du voyou et du collégien [5]. » Puérile, futile et bornée, comment espère-t-elle encore nous faire croire à la fausse innocence d'un nouvel Eden ? La petite bourgeoise entretenue, trop aisément éblouie « par le luxe en façade des gros faiseurs d'affaires [6] », nous écœure par le mensonge de sa bonne conduite. D'ailleurs, « si les honnêtes femmes savaient combien elles font penser aux autres ! [7] ».

Quel joli néant ! Quelle exquise petitesse ! Quant à la femme de qualité, Eve mondaine « qui joue de

---

1. Joséphin Péladan, *Le Vice suprême*.
2. Charles Baudelaire, *Petits Poèmes en prose*, « Portraits de maîtres-ses ».
3. Joséphin Péladan, *A cœur perdu*.
4. Joris-Karl Huysmans, *Là-bas*.
5. Charles Baudelaire, *Mon cœur mis à nu*.
6. Jean Lorrain, *Une femme par jour*, « La Cocotte ».
7. André Suarès, *Idées et visions*.

sa feuille de vigne comme d'un éventail[1] », je lui préfère la fille des rues car, même si elle est également sotte, la dissimulation est moins grande et le plaisir plus intense. Il ne faudrait pouvoir côtoyer que les femmes froides et vénales, ou alors « n'aimer les femmes qu'à mi-corps s'il se peut[2] ». Je le répète : la déception serait moins vive et les voluptés plus complètes. Est-il fou d'imaginer une femme qui, par la recherche d'originales extases, puisse justifier la curiosité cérébrale qu'elle aurait fait naître en nous ?

Derrière l'image souvent agaçante de la femme sociale se découvre la présence fascinante de la femme crépusculaire, de l'héroïne « fin de siècle ». Son équivoque splendeur nous attire : « Elles ont toutes les yeux démesurément agrandis dans des faces trop pâles, couleur de camphre ou de nacre, des chairs d'hostie, et dans leurs longs cols exsangues, dans leurs silhouettes de voyantes ou trop onduleuses ou trop droites, des souplesses de reptiles tour à tour érigés et rampants. Comme d'invisibles mains les poussent en avant dans l'ombre et dans le glissement de leur éternelle robe noire, elles entraînent, Dieu sait où, les mâles haletants de désir et muets d'épouvante...[3] »

Femmes fatales ! Rien de bien nouveau, me direz-vous... La mythologie et la littérature en ont déjà beaucoup parlé. Mais notre époque de trouble-inspiration a magnifié obsessionnellement ce type de femme, en le compliquant d'esthétisme et en le pénétrant de perversité. Cléopâtre, Hélène, Hérodiade et Salomé n'ont jamais connu un tel essor

---

1. Joséphin Péladan, *Le Vice suprême*.
2. Joséphin Péladan, *op. cit.*
3. Jean Lorrain, *Le Journal*, « Princesses des Ténèbres ».

dans la littérature et les arts. Femmes éternelles, princesses orientales et barbares, vous êtes bénies entre toutes les femmes. Et toi, Salomé, choisie parmi la galerie des illustres damnées à cause de ta foudroyante perversité, nous te sacrons l'idole de notre fin de siècle, parce que tu représentes pour nous « la déité symbolique de l'indestructible luxure, la déesse de l'immortelle Hystérie, la Beauté maudite, élue entre toutes par la catalepsie qui lui raidit les chairs et lui durcit les muscles ; la Bête monstrueuse, indifférente, irresponsable, insensible, empoisonnant, de même que l'Hélène antique, tout ce qui l'approche, tout ce qui la voit, tout ce qu'elle touche [1] ».

Comme tu peux le constater, superbe idole, nous ne sommes pas dupes de ta véritable nature. Le faste de ta légende n'arrive plus à dissimuler la pure animalité de ton existence charnelle. Tu restes avant tout l'Eve primitive et maudite, la femme de chair et de sang, la belle machine esclave de la rébellion de ses sens. C'est ton corps innommable qui te sert de conscience, pieuvre affamée de luxure, sphinge inassouvie :

> « La femme à faim et elle veut manger.
> Soif, et elle veut boire.
> Elle est en rut et elle veut être foutue.
> Le beau mérite !
> La femme est naturelle, c'est-à-dire abominable.
> Aussi est-elle toujours vulgaire, c'est-à-dire le
> contraire du Dandy [2]. »

Femme prédatrice, créature que rien ne rassasie, qu'il est dangereux de t'aimer ! Incontournable péril

---

1. Joris-Karl Huysmans, *A rebours.*
2. Charles Baudelaire, *Mon cœur mis à nu.*

de la dépendance charnelle qui change le mâle en pourceau et dégrade l'individu qui voit se dissoudre son autonomie et s'aliéner son libre arbitre.

« Dévoratrice absurde, ignoble et solennelle
Qui sucez notre vie et videz nos cerveaux [1] »

Comment osez-vous mettre ainsi notre sensibilité au supplice ? Vous seule êtes la cause de tous les maux du moderne amour. Amante criminelle « dont les spasmes sont des nœuds étouffants [2] », inépuisable ogresse : tu guettes ta proie.

Femme anthropophage, ton unique vocation serait-elle d'absorber et de résorber le masculin ? Vampire, au moyen de ta bouche et de ton ventre, tu aspires notre virilité. La fleur carnivore de tes lèvres n'a plus rien de la bouche vermeille célébrée dans l'ancienne poésie. Trop rouge et trop pulpeuse, évoquant facilement la plaie sanguinolente, elle est cette « embrasure de l'obscénité et de l'engueulement [3] » qui nous broie dans un baiser mortel, proche de la morsure. Et c'est en ton sexe « silencieusement dévorateur [4] » que s'abîment nos forces vives.

Etre possédé et perdre notre intégrité nous terrorise, et la dépendance amoureuse peut provoquer cette terreur. Une femme a le pouvoir de détruire l'homme qui l'aime, de l'anéantir complètement, d'en faire un pantin vil et grossier. Combien de pauvres diables ont disparu « dans cette boue atroce pétrie des mains de femmes. (...) Combien de jeunes

---

1. Jean Moréas et Paul Adam, *Le Thé chez Miranda*, « Prière ».
2. Jean Richepin, *Les Blasphèmes*, « La Succube ».
3. Léon Bloy, *La Femme pauvre.*
4. Catulle Mendès, *La Première Maîtresse.*

espoirs ont succombé sous les serres de la bête de proie ![1] »

« Mon culte c'est l'hécatombe[2] », déclare la princesse Eleonora d'Este, vierge perverse pour qui le désir des hommes est une insulte, et qui se venge en l'exaltant. C'est ce que Joséphin Péladan appelle le Vice suprême. La femme devient alors le plus cruel des tortionnaires et le plus impitoyable des bourreaux, s'acharnant à mutiler et amoindrir l'homme : castration physique et morale qui débouche sur l'impuissance et la folie.

Est-ce ça l'amour ? « un épouvantable jeu où il faut que l'un des joueurs perde le gouvernement de soi-même ?[3] ». Ces terribles interrogations constituent le fond de notre poétique... Quels doivent être les rapports entre l'homme et la destructrice ? Pourquoi faut-il que l'acte d'amour prenne si souvent la forme d'un homicide dont l'enjeu est la perdition de l'âme par le corps ? Vous comprendrez que les hommes de notre race ne peuvent supporter l'idée de voir leur génie se tarir sous l'emprise d'une femme. Pourtant, comme les autres, nous chavirons dans le naufrage de ses enlacements. C'est cette dérive consciente qui rend notre position si difficile. A la fois homme et artiste, emporté et lucide, impliqué et indifférent, notre souffrance est décuplée car nous devenons les spectateurs de notre propre destruction. Ainsi, notre esprit, toujours en éveil, s'avère être le plus redoutable des toxiques. Il est si douloureusement facile de se laisser noyer dans un flot de luxures, de dépravations, de voluptés

---

1. Octave Mirbeau, *Le Calvaire.*
2. Joséphin Péladan, *Le Vice suprême.*
3. Charles Baudelaire, *Fusées.*

artificielles ! Il est si difficile d'avoir la force d'y renoncer... Nous nous y accoutumons « comme à tous les poisons délicieux qui font vivre double, qui abrègent le tourment d'être [1] ».

Malheur à celui qui se laisse prendre au piège capiteux des exigences de la chair jusqu'à la perte de toute vigueur physique et morale ! Malheur à celui que l'amour d'une femme diminue et perturbe au plus haut point, cet amour dévorateur qui fait « de l'homme d'aujourd'hui, dans sa hâte de jouir, un damné effroyable au corps miné par les névroses, aux chairs suppliciées par les luxures, qui halète sans cesse sous la passion qui l'étreint et lui enfonce les griffes dans la peau [2] ».

Dépendre de la femme et de ses nervosités imbéciles, être dominé par les exigences de ses appétits charnels, accepter « ce rôle de parasite qui croupit et végète à la solde d'une protectrice [3] », autant d'attitudes qui proclament la mise à mort de la force mâle. Derrière cette destruction du personnage masculin se dessine l'entreprise de démolition de l'amour.

Amour ! quel mot grotesque et vain en cette époque ivre de fange ! La quête amoureuse ne se réduit plus qu'à « un contact coûteux d'épidermes [4] ». L'union sexuelle, dans son odieux rabâchage, finit par nous apparaître particulièrement ennuyeuse et vulgaire. Quel calvaire ! toujours les mêmes gestes absurdes, les mêmes râles stupides et la même déception finale ! Il m'arrive, en faisant l'amour, de

---

1. René Maizeroy, *La Peau.*
2. Octave Mirbeau, *Le Calvaire.*
3. René Maizeroy, *op. cit.*
4. Théodore Hannon, *Les Rimes de joie,* « Grisailles ».

sentir ma solitude s'accentuer : « ces corps rapprochés dans l'impénétrable des âmes semble un simulacre nauséabond et ridicule de l'amour[1] ». J'irais même jusqu'à dire, à la suite de Baudelaire, que l'amour ressemble parfois « à une torture ou à une opération chirurgicale[2] ». Alors, ne me parlez plus d'extase charnelle : l'amour humain n'est qu'une forme dégradée de la béatitude. « Dieu aurait dû créer l'amour d'un côté et les sens de l'autre[3]. »

Il faudrait sacrifier les sens, avoir la sagesse d'aimer à distance : même lorsqu'elle se donne, la femme reste toujours l'inaccessible par excellence. De son corps indicible, notre désir ne peut saisir que les alentours. Qu'on ne me parle pas de possession sexuelle ou de communion spirituelle : je n'ai jamais senti l'âme d'une femme vibrer à l'unisson avec la mienne.

Afin que le contact ne détruise pas le rêve, vouons un culte à une figure féminine purement idéale, à une chaste étoile très lointaine. Laissons là la sphinge hystérique, qui nous empêche l'évasion hors de la trivialité du quotidien, pour ne nous occuper que de l'ange. Substituer une certaine forme d'adoration à l'amour, telle est la jouissance suprême. Puisqu'il faut absolument s'agenouiller devant la femme, faisons-le, mais religieusement. N'hésitons pas à prostituer à l'amour d'une femme « le dévouement et les rites même de l'amour de Dieu[4] ».

Nous avons mis au point une nouvelle mécanique du désir faite d'ardeur retenue et d'enthousiasme

1. Francis Poictevin, *Double*.
2. Charles Baudelaire, *Fusées*.
3. Rachilde, *Monsieur Vénus*.
4. Remy de Gourmont, *Sixtine*.

recueilli. Détournement de la dévotion, me direz-vous. C'est vrai. Nous pervertissons l'acte religieux de la contemplation pour le réduire à lui-même : d'attitude intérieure, il se mue en complaisance extérieure. Laissez-nous confondre élan amoureux et sentiment religieux : croyez-moi, cette confusion est une source de plaisir rare.

Nous sommes les nouveaux fidèles, les adorateurs d'une femme intouchable devant laquelle notre esprit « s'agenouille ». Vierge miraculeuse qui t'élèves au-dessus de tout jugement, grâce à toi nous sommes en plein mystère. Ah ! si l'amour pouvait avoir la pureté de la prière !

L'attente de l'union, comme la préparation à la communion — aboutissement suprême de la liturgie —, vaut mieux que l'union elle-même. S'espérer, se deviner, s'attendre, quelle source intarissable de béatitude ! Oui, la possession tue l'amour. Ecoutez Remy de Gourmont : « Je l'aimais tant qu'on peut aimer, mais je ne l'aimais que jusqu'au seuil. Ce seuil je ne l'ai jamais franchi (...) hospitalière et tendre, la porte était toujours ouverte, mais je détournais la tête (...) pour contempler mon propre désir (...) pour confier à mon désir les rêves que je voulais irréalisés. Franchir le seuil ? Et après ? Ce palais était peut-être un palais comme tous les autres palais, mais le palais de mes songes était unique et tel qu'on n'en reverra plus jamais d'autres [1]. »

Notre désir d'abstention ne ressemble en rien à l'ascétisme religieux. Par le renoncement à la chair, nous n'avons jamais visé le salut de notre âme. Au contraire, nous avons toujours cherché à aiguiser davantage nos sens, souhaitant trouver dans la

---

1. Remy de Gourmont, *Histoires magiques*, « Sur le seuil ».

dévotion passive la volupté des voluptés... Et, une fois de plus, nous avons échoué. Confondant élan amoureux et sentiment religieux, la contemplation décadente s'est orientée du côté du blasphème et du sacrilège. Le corps n'a pu être évacué... Madone de chair ou vierge voluptueuse, la femme est une idole trop accessible dont la désincarnation reste impossible.

Renversons l'objet du culte en objet de plaisir ! Engageons un dialogue pervers entre rituels catholiques et rituels sexuels ! Trompons une fois encore notre déception et notre ennui en opérant le basculement de la femme inaccessible à la femme sensible ! Adorons de plus près, déshabillons la sainte, libérons la recluse : « ... nous aurons, du moins, quelques moments d'agréable intimité et puisqu'il faut, de l'objet du culte faire l'objet du plaisir, que le sacrilège soit complet et les voluptés décisives [1] ».

En faisant de la chambre un oratoire et de la chapelle une alcôve, nous avons substitué au sacrifice de la messe une nouvelle liturgie des sens. Pour approfondir le divin mystère de la chair, nous égrenons l'interminable « rosaire des luxures ». Peut-être atteindrons-nous la plus surhumaine des béatitudes... Je veux, avant d'être anéanti, me perdre dans le péché de ton corps, « nonne des liturgies du pervers amour [2] ». N'es-tu pas l'archange de la débauche ?

« J'ai fait de tes baisers ma prière du soir,

---

1. Remy de Gourmont, *Sixtine.*
2. Camille Lemonnier, *L'Homme en amour.*

Notre-Dame des chairs aux délices trop brèves !
Hosanna !... [1] »

Je voudrais pouvoir me consumer sous le feu de
tes caresses impudiques. Un excès de débauche
empêcherait peut-être la sinistre réalité de venir à
nouveau m'obséder. « Ton ventre est un sanctuaire,
ton ventre est l'autel de ce siècle [2]. » Puisque nous
avons fait de l'amour moderne le dévoiement du
mysticisme catholique sur la créature, faisons de
l'église un boudoir : montons à l'autel afin d'y
célébrer la messe du péché. Rien de bien nouveau,
me direz-vous. Pourtant, là où le libertinage du
XVIIIᵉ siècle allait puiser la légèreté de sa jouissance
et le roman gothique le frisson de sa damnation, nous
trouvons une nouvelle source d'excitation esthétique :
« Puisque le plaisir est un art, pourquoi ne pas
utiliser, afin de le rendre plus acéré, l'adjuvant que
nous fournissent les circonstances et les lieux ? [3]. »
C'est un peu facile, je l'avoue. Mais la plus complète
des jouissances ne passe-t-elle pas par la souillure ?

Est-ce bien la peine d'agoniser sur « des croix de
plaisir [4] » ? N'avons-nous pas déjà supposé tous les
plaisirs ? A force de toujours vivre l'amour et la
sexualité sur le mode de la culpabilité, ne nous reste-
t-il que la solution douloureuse du rachat par la
perversion ? Faut-il toujours que nous insultions la
nature ? Notre lassitude est infinie...
Comprenez simplement que plus que le sacrilège
lui-même, c'est le geste du sacrilège qui nous plaît,

---

1. Iwan Gilkin, *La Nuit*, « Le Possédé ».
2. Jules Bois, *Le Mystère et la volupté*.
3. Camille Lemonnier, *Le Possédé*.
4. *Op. cit.*

le geste destructeur de la profanation systématique. Le large éventail des luxures et des amours coupables nous est apparu comme le plus prometteur des laboratoires : inceste, lesbos et sodome, messes noires, orgies et viols ont fait partie du champ de nos investigations. Nous avons goûté de tout jusqu'à l'indigestion.

La lâcheté de notre chair devant la tentation n'a fait qu'accroître la lourdeur de notre corps, la ruine de notre âme et l'intensité de notre dégoût. Mais contre cette lassitude du sexe féminin, à défaut de toute mise à mort définitive, nous avons trouvé quelques remèdes ou déviations provisoires. S'il avait été possible de t'atteindre dans ta victoire, beauté infernale, dans ta chair attirante et dévastatrice ! Si nous avions pu réellement nous venger de ta toute-puissance sexuelle par la putréfaction de ton corps et la malédiction de ton squelette... Que pourrisse « ta chair orgueilleuse jusqu'à ce qu'elle se détache en miettes et laisse tes ossements à nu pour la risée des hommes [1] » !

En attendant que tu sois définitivement damnée, nous avons une possibilité : l'absolue chasteté volontaire. Etat supérieur pour l'homme d'Eglise, elle devient pour nous, ermites profanes, quelque chose de surhumain. Et notre abstinence charnelle, n'étant pas adressée à Dieu, ne peut qu'augmenter superbement notre orgueil. Mais, après tout, puisque rien d'extérieur à nous-même ne nous satisfait totalement, pourquoi ne pas nous extasier devant l'illusion de notre propre pureté ?

---

1. Camille Lemonnier, *Dames de volupté,* « Les frères homicides ».

Subsiste une dernière solution : l'Ephèbe androgyne. Puisque notre fin de siècle voit la confusion des fonctions et des idéaux, puisque les deux sexes insatisfaits l'un de l'autre s'insultent et se boudent, choisissons le troisième sexe, celui dont l'hybride plasticité constitue le fondement de notre esprit et l'emblème de notre esthétique. Finalement, les femmes ne nous plaisent que lorsqu'elles n'en sont plus...

HYMNE A L'ANDROGYNE

« Cette élégance de squelette
Où chaque sexe a mis du sien. »

Théodore Hannon, *Les Rimes de joie.*

« O sexe initial, sexe définitif, absolu de l'amour, absolu de la forme, sexe qui nies le sexe, sexe d'éternité ! Los à toi, androgyne ![1] »
Vers toi montent nos rêves les plus fous ! Vers toi s'élèvent nos plus ardentes prières !
« Moment indécis du corps et de l'âme[2] », tu es le fondement de notre esprit ! « Délicieux inédit, poème réticent[3] », tu es le symbole éclatant de notre esthétique...
Toi seul, tu es éternel ! L'aube de l'art, qui se leva en Egypte, enfanta le sphinx, première représentation de l'androgyne, synthèse plastique de la reconstitution primordiale de l'unité sexuelle. L'art grec perfectionna le type, réunissant dans sa statuaire héroïque la grâce féminine et la précision masculine : « Il n'y a pas d'autre mode d'héroïser que de masculiniser les muses et des féminiser les Dieux : la proportion qu'on ajoute à cette mixture est indicible puisqu'elle constitue le génie[4]. »

---

1. Joséphin Péladan, *Hymne à l'androgyne.*
2. *Op. cit.*
3. *Op. cit.*
4. Joséphin Péladan, *Les Idées et les formes.*

Le catholicisme, avec la figure céleste de l'ange éphèbe et juvénile, donna à l'androgyne la dimension de pure immatérialité : « L'ange est hors sexe ou constitue un troisième sexe, celui de la spiritualité et de l'éternité [1]. » Cette double tradition, grecque et chrétienne, revisitée avec grâce et volupté par le XVIIIᵉ siècle finissant, nous apporta enfin l'historique Chérubin , « le page délicieux, le moderne Euphorion [2] » du *Mariage de Figaro,* et avec lui le goût du travesti, le frisson du masque. Enfin, au début de ce siècle, Balzac avec *Séraphita* et surtout Théophile Gautier avec *Mademoiselle de Maupin* réactualisèrent cette obsession du dédoublement.

« Sexe suprême, mode troisième ! [3] », ta troublante plasticité a su dangereusement raviver nos désirs éteints. Toi qui ne devais être que l'indication terrestre de la splendeur angélique, toi auquel la vie semblait interdite, tu es pourtant potentiel de beaucoup de délits. Il n'est plus possible de t'aimer de loin comme on aime une très belle chose. Tu affoles nos sens et égares nos esprits.

Nous opposant définitivement à la volonté divine du partage entre deux sexes, bouleversant sans hésitation la hiérarchie de la création, nous t'avons fait quitter le champ mythique pour te faire renaître au sein de la nature. D'idéale fusion de la grâce et de la force, tu t'es métamorphosé en Vice suprême de l'équivoque et de l'entre-deux. Pour l'artiste, le désir souverain de tes formes damnées est un adorable supplice : « Voyez-vous les gracilités, les aigreurs,

---

1. *Op. cit.*
2. *Op. cit.*
3. Joséphin Péladan, *Hymne à l'androgyne.*

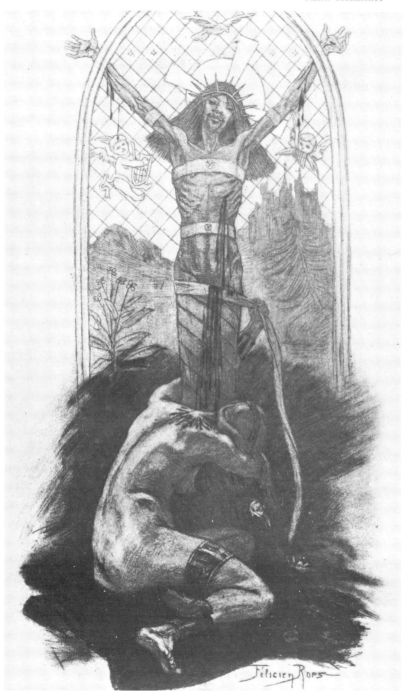

Félicien Rops, *L'Amante du Christ*, 1888.
(Ph. Bibl. nat. Paris)

Félicien Rops,
La Tentation de saint Antoine, 1878.
(Bruxelles,
Bibliothèque royale Albert-Iᵉʳ)

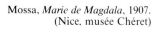

Mossa, *Marie de Magdala*, 1907.
(Nice, musée Chéret)

Mossa, *Christus*, 1908. (Nice, musée Chéret)

Félicien Rops, *Satan créant les monstres*, 1882. (Coll. part.)

Jean Delville, *Les trésors de Satan*, 1895. (Bruxelles, Musées royaux des Beaux-Arts)

Franz von Stück, *Le péché*, 1893. (Munich, Neue Pinakothek/Edimedia)

Rops, *Pornokratès*, 1878.
(Ph. Bibl. nat., Paris)

Mossa, *La charogne*, 1906. (Coll. part.)

Mossa, *Venusberg*, 1907.
(Nice, musée Chéret)

Franz von Stück, *Le sphinx*.
(Darmstadt, Hessisches Museum/Edimedia)

Gustave Moreau, *Œdipe et le sphinx*, 1864.
(New York, Metropolitan Museum)

Fernand Khnopff, *L'Art* ou *Les caresses, La sphynge*, 1896.
(Bruxelles, Musées royaux des Beaux-Arts/Edimedia)

Félicien Rops, *Le sphinx*, 1879.
frontispice pour *les Diaboliques* de Barbey d'Aurevilly.
(Paris, musée du Louvre/R.M.N.)

Aubrey Beardsley, dessin pour *Salomé*, 1894. (Coll. part./Edimedia)

Gustave Moreau, *Salomé tatouée dansant*, 1876. (Musée Gustave-Moreau/R.M.N.)

Fidus, *Orante.* (Londres, Piccadilly Gallery)

Ensor, *La vierge consolatrice*, 1892. (Coll. part.)

La chambre de Léda au Vittoriale, dernière demeure de Gabriele D'Annunzio. (D.R.)

Ensor, *Mon portrait entouré de masques*, 1899. (Coll. part.)

Spillaert, *Autoportrait au miroir*, 1908. (Ostende, musée des Beaux-Arts)

Oraison ultime

Max Klinger, *Le cauchemar.*
(Berlin, Staatliche Museum/Edimedia)

Robert de Montesquiou joue
à saint Jean-Baptiste. (Bibl. nat. Paris/Edimedia)

les acidités de forme, l'élancement maigre des lignes, les seins presque pectoraux, le ventre et les hanches effacés, la croupe petite [1]. » « Cauchemar des décadences [2] », tu me hantes et me poursuis. A cause de toi, j'ai maintes fois célébré le corps de la garçonne « aux maigreurs de vierge et de puceau [3] » et ravalé « la beauté du ciel à un frisson de sodome [4] ». Je me souviens surtout d'une actrice qui, aggravant à dessein l'hybridation de son aspect, portait toujours un costume d'homme : « Elle était, consciemment, l'androgyne pâle, Vampire suprême des civilisations vieillies, dernier monstre avant le feu du ciel [5]. »

Assez de transgressions. Notre esthétique outrancière, si elle en a malmené la plastique, n'a pourtant pas occulté la dimension spirituelle de ce type miraculeux qui défie toute concupiscence. Il reste le symbole de l'Esprit d'élection. Il est l'homme d'idée, d'art ou de sentiment dont le génie s'achemine vers « l'auto-complémentarisme ».

« O sexe initial, sexe définitif, absolu de l'amour, absolu de la forme, sexe qui nies le sexe, sexe d'éternité ! Los à toi, androgyne ! [6] »

---

1. Joséphin Péladan, *Curieuse !*
2. Joséphin Péladan, *Le Vice suprême.*
3. Théodore Hannon, *Les Rimes de joie*, « Fleur des Fièvres ».
4. Joséphin Péladan, *De l'androgyne.*
5. Joséphin Péladan, *Le Vice suprême.*
6. Joséphin Péladan, *Hymne à l'androgyne.*

ORAISON POUR L'ŒUVRE D'ART

« Je ne suis pas un puriste,
je ne suis pas un critique,
je suis un amoureux d'art. »

Jean Dolent, *Amoureux d'art.*

Un petit salon en rotonde, situé à l'autre extrémité de la galerie, où n'apparaissaient que les traces des portes sous tenture et des meubles d'appui fermés. Comme un jaillissement subit d'objets de toutes sortes, amassés, disposés en profusion : faïences, porcelaines, chinoiseries et japonaiseries, gravures, estampes, curiosités exotiques, chaque élément apparaissant comme le complément de l'autre mais affirmant aussi sa disparité. Chacun d'eux s'intégrant à l'architecture des lieux, comme autant de centres d'intérêt, sur une même surface de brocart précieux, comme réconciliés par la grâce d'une séduction inattendue.

L'art est sans aucun doute possible la forme pure de la volupté... Et la transposition de l'amour en un sentiment esthétique est certainement la manière la plus sûre et la plus féconde d'échapper à la dictature féminine : « Plus l'homme cultive les arts, moins il bande[1] ». La passion artistique, élevée au-dessus des voluptés de passage et des mesquineries du marivaudage, constitue notre seule planche de salut. Elle est l'unique culte de notre vie.

---

1. Charles Baudelaire, *Mon cœur mis à nu.*

L'amour de l'art offre une plénitude à l'esprit et aux sens. « Il n'y a encore que l'art qui résiste aux désillusions. Si j'ai d'exclusives admirations pour l'art, c'est parce que dans l'art seul j'ai trouvé ce qu'on appelle Amour. Tout le reste, des sensations qui, le lendemain, laissent mal aux nerfs et au cœur[1]. »

L'art est un besoin voluptueux de l'âme en quête de perfection sensuelle. Est-il un substitut à l'amour de la femme ? Oui, assurément, puisque aucune femme n'a le pouvoir de posséder notre imagination... Nous préférons mettre nos passions à la recherche éperdue d'un bibelot d'art ou d'un objet de collection. Et, pour le dire crûment : « la bricabracomanie n'est qu'un bouche-trou de la femme[2] ». L'émotion esthétique remplace avantageusement les émois passionnels et finit même par les exclure. Le plaisir de l'art, fortement cérébral, répond admirablement aux appétits particuliers de notre sensualité. Il remue notre être en profondeur alors que le sentiment amoureux est, par essence, éphémère. Regardez cet objet d'art: soustrait aux contingences de l'existence, il a une vie profonde et incorruptible. Je peux l'aimer avec ferveur tout en sachant pertinemment que jamais il ne trahira ma passion. Quelle supériorité sur les femmes ! Ces femmes qui, de plus, souvent, dédaignent la beauté et le style ! Elles restent hermétiques au langage secret de l'art, et ne semblent pas touchées par la magnificence discrète des choses fanées, par la mélancolie du passé. Oui, hantées par le fantasme du progrès, elles sont incapables de

---

1. Jean Lorrain, *Correspondance,* cité par Pierre Kyria dans *Jean Lorrain.*
2. Edmond de Goncourt, *La Maison d'un artiste,* « Préambule ».

goûter aux fantasmes esthétisants de notre sensibilité
« fin de siècle ». Elles n'aiment que ce qui brille
outrageusement. Leurs sens sont des parvenus : « ils
vont à la dorure, au luxe qui crie, aux fleurs qui
sentent [1]. »

Notre quête artistique, plus qu'une simple revanche sur la vie ou sur l'échec sentimental, est notre
credo, ce qui donne profondément sens à notre vie,
l'aliment de notre unique religion : nous sommes les
convertis de l'art, les mystiques de l'esthétisme. Cette
seule croyance nous tient lieu de morale. Peu de
gens l'ont compris. L'époque dans laquelle, nous,
artistes, sommes obligés de vivre est si plate ! L'art,
qui devrait n'être qu'à lui-même, est à l'industrie.
« L'art pour tous », quelle absurdité et quel non-
sens ! Avec le musée, nouveau « lupanar artistique [2] », ce siècle misérable a inauguré le règne de la
prostitution artistique.

Comment voulez-vous que des œuvres magnifiques, exposées journellement à la multitude des
regards indifférents, déshabillées grossièrement par
un public « qui n'a que des yeux et un estomac [3] »,
gardent leur puissance magnétique, conservent l'intégrité de leur pouvoir mystérieux ? Quelle contrainte
que « la promiscuité dans l'admiration [4] » ! Révol-
tante désacralisation de l'art mise en œuvre par ce
qui lui est littéralement opposé : l'esprit bourgeois.
La contemplation d'une œuvre ne doit appartenir
qu'à celui qui la possède. Seul l'usage privé permet

1. Edmond et Jules de Goncourt, *Charles Demailly*.
2. Joris-Karl Huysmans, *Certains*.
3. Léon Bloy, *Propos d'un entrepreneur de démolitions*, « L'Ecrasement
de l'infâme ».
4. J.-K. Huysmans, *A rebours*..

l'extase, favorise la rencontre du « point d'amour du chef-d'œuvre [1] », la venue du « spasme de l'œil [2] » que notre regard, toujours transgressif, convoite éperdument.

Oui, notre quête artistique a quelque chose de la recherche désespérée d'un moi avide de sensations. Quelle stimulation constante que le voisinage ou la possession d'un chef-d'œuvre ! Un vase de Chéret, une estampe japonaise, une aquarelle de Gustave Moreau ou un vers de Mallarmé deviennent nos confidents, nos partenaires : « Combien dans ma vie aurai-je tripoté d'objets d'art, joui par eux ! Insensible ou à peu près aux choses de la nature, plus touché d'un tableau que d'un paysage, par l'homme que par Dieu [3]. »

Nous ne sommes qu'une petite minorité d'esthètes raffinés. La compréhension de la beauté et l'exercice de l'art appartiennent à une aristocratie. Interdit au plus grand nombre, « le sens artiste manque à une infinité de gens, même à des gens d'esprit [4] ». N'est-il pas tout à fait légitime qu'un artiste, désenchanté par la rudesse du monde qui l'entoure, trouve dans ses capacités créatrices un sens à sa vie ? Mémoire des mémoires, somme de tous les souvenirs, l'art alimente notre nostalgie des siècles passés. Nous crevons de références culturelles : réminiscences et souvenirs artistiques sont les médiateurs de notre imaginaire. En effet, jamais nous n'innovons véritablement : c'est à partir d'une œuvre existante que nous créons la nôtre. Création au second degré, me direz-vous... Soit, mais création quand même.

---

1. Joris-Karl Huysmans, *Certains.*
2. *Op. cit.*
3. Edmond et Jules de Goncourt, *Charles Demailly.*
4. *Op. cit.*

Notre veine créatrice, nourrie d'outrances et de subtilités, s'affirme, face à l'héritage des âges classiques, comme « un art sensuel, précieux, savant, dédaigneux, assoiffé de délicatesses morbides, pourri de complications, agonisant de nuances, irisé de roses et de verts de décomposition... [1] » Mais la profanation ou la corruption des valeurs de pureté et d'équilibre revendiquées par le classicisme n'impliquent d'aucune façon la régression. Peut-être sommes-nous arrivés, à force de raffinements et de dissolutions, à l'impasse ultime : une disparition de l'art... Nous aurons alors, au moins, la gloire de rester à jamais les artisans suprêmes de sa mort...

---

1. Albert Samain, *Carnets intimes.*

ORAISON POUR L'ART POETIQUE

Il existe une profondeur vertigineuse dans l'acte même d'écrire. Cette tentation magique du verbe, symptomatique, il est vrai, des civilisations qui chavirent, nous la percevons peut-être comme la seule promesse de rédemption. Dans la rassurante régularité de la langue française, « cette seule et dernière Idole qui nous reste à étreindre dans la déroute de tout [1] », notre fin de siècle a ouvert une fissure. Nous avons pressenti autre chose, une autre langue avec d'autres tournures, des fontes nouvelles de phrases et de mots. Seule « une langue d'artiste fouillée et moderne, sans souci des codes du goût, sans crainte du cru, du forcené, des dévergondages du grotesque [2] », peut secouer l'art poétique de sa torpeur, évincer le réalisme grossier du naturalisme, répudier les littérateurs et leur « littérature de vaisselle [3] ».

L'indécence de notre écriture à rebours, qui n'épargne aucune des catégories habituelles de la

---

1. Fernand Kolney, *Le Salon de Madame Truphot.*
2. *Le Constitutionnel,* 1er juin 1882, « Un poète à l'horizon ».
3. Léon Bloy, *Propos d'un entrepreneur de démolitions,* « L'Ecrasement de l'infâme ».

littérature, ne peut qu'être désagréable à tous les imbéciles qui occupent aujourd'hui le temple du grand art. Finalement, quelle satisfaction pour nous ! Notre littérature, outre l'expression d'un désir d'émancipation, est aussi un art de déplaire... Et avant tout une poétique de la destruction, une revisitation de la langue française qui, nouvellement affûtée par le tranchant de notre style, s'affirme comme une agression constante contre la réalité et le langage. Dédaignant l'ordonnancement des perspectives classiques et la transparence du langage, nous allons nous perdre volontairement dans l'éclatement de la syntaxe. Par la torsion que nous imposons à la langue et à ses multiples significations, par le caractère composite de nos assemblages grammaticaux et le barbarisme hypercivilisé de nos formes, par l'usage singulier de certaines parties du discours ou figures de style, nous voulons corrompre — pour mieux l'étouffer — l'esthétique romanesque traditionnelle, son habituelle progression narrative, l'enchaînement convenu de ses mots, l'articulation classique de ses scènes. Une écriture homicide, en somme, capable d'exterminer la logique si clairement ennuyeuse du bon usage de la langue, la revendication éternelle de la simplicité : « Il faut inventer des catachrèses qui empalent, des métonymies qui grillent les pieds, des synecdoques qui arrachent les ongles, des ironies qui déchirent les sinuosités du rable, des litotes qui écorchent vif, des périphrases qui émasculent et des hyperboles de plomb fondu. Surtout, il ne faut pas que la mort soit douce[1]. »

Je vous invite à ouvrir à l'improviste un roman

---

1. Léon Bloy, *op. cit.*, « L'Art de déplaire ou le scalp critique ».

111

« fin de siècle ». Après quelques pages, il vous faudra convenir de votre surprise. Subitement, un rythme nouveau s'impose, éludant l'alternance traditionnelle des plages descriptives et des moments d'action. Rétrospectivement, vous remarquez l'abondance inusitée des références, la présence si dense des mots, la pesanteur inaccoutumée des images, la préciosité des vocables.

En effet, notre nouvelle syntaxe narrative que génère le retour de quelques procédés outranciers, nos inédites configurations verbales où réciproquement s'évoquent arabesques et assonances, ne peuvent être reconnues et appréciées à leur juste valeur par tout le monde. Elles nécessitent une lecture souple et curieuse, une disponibilité sensitive et intellectuelle, le tourment d'une âme libre et fiévreuse. Ne descend pas qui veut dans la crypte bizarre de notre esthétique : « L'esprit ne pouvait entrer qu'à reculons dans cet ermitage, puisque l'inflexible consigne était l'option perpétuelle pour l'antinomie et le contrepied. Le « sésame » de cet endroit, c'était d'être rare et de détester la tradition du genre humain. Je ne sais pas s'il s'est jamais vu un aussi ferme parti pris d'éconduire la Vérité et la Beauté pour n'admettre que l'anomalie et la déviation...[1] »

Parce que notre langage s'adresse à quelques initiés, parce que notre écriture rhapsodique n'est compréhensible que pour de rares élus, parce que nous sommes volontiers hermétiques et ésotériques, certains ont osé nous qualifier de « curiosités de

---

1. Léon Bloy, *Sur la tombe d'Huysmans,* « L'incarnation de l'adverbe ».

musée pathologique [1] », de monomanes ressassant inlassablement d'insolites visions, de littérateurs épileptiques. Il est tout de même regrettable de se voir nié de la sorte, tout cela parce que la recherche du raffinement et le goût du paroxysme échappent au bon sens bourgeois ! Si nous avons mis en place une syntaxe nouvelle, capable de dérouter le vulgaire et de préserver l'acuité de notre pensée, nous ne l'avons pas fait pour nous en gargariser à l'infini...

Il existe bien, dans le monde des arts, quelques esthètes assez éclairés pour comprendre que notre langue savante, tout en voulant exprimer les tonalités indicibles de l'âme, se mettait aussi au service de la recherche désintéressée du beau. Il est tout de même affligeant qu'une attitude littéraire comme la nôtre, aussi personnelle soit-elle, parce qu'elle s'écarte volontairement des conventions et se pique de ne s'intéresser qu'à elle-même, soit ressentie comme particulièrement douteuse !

A mon sens, ce qui gêne le plus le lecteur de romans décadents, c'est l'incontournable omniprésence de la sensibilité des auteurs qui restent esclaves de leur nature et de leur propres sensations. La subjectivité des poètes n'a jamais été bien accueillie par l'opinion. Notre travail sur la langue et sur le style auquel nous sommes si attachés, comme en témoigne notre liberté prosodique et notre surcharge décorative, a souvent été perçu par la presse comme un artisanat laborieux, vague et complexe : « Je ne vois guère de revues en France qui acceptent ces jolies orfèvreries dont nous raffolons nous autres, mais qui ne s'adressent malheureusement qu'à un public de lettrés et d'artistes. Cela explique trop la malchance de

---

1. Adolphe Retté, *Aspects*, « Le Décadent ».

Baudelaire avec ses bijoux en prose et celle du malheureux Aloysius Bertrand, avec son *Gaspard de la nuit*. Qu'y faire ? Mais parlons plutôt de choses plus gaies [1]. »

Le culte exclusif de la forme, l'amour du verbe pour lui-même, l'affranchissement du mot, voilà ce qui nous fait écrire... Et d'une telle écriture, il ne peut résulter qu'une « pernicieuse difficulté de lecture pour quiconque n'est point initié au prestige hermétique des vocables [2] ». Nous conseillons au lecteur, quand il tombe sur un terme rare ou scientifique, d'ouvrir un dictionnaire ou une encyclopédie. Il en existe de très bons, dont le *Petit glossaire pour servir à l'intelligence des auteurs décadents et symbolistes !*

Nous sommes les orfèvres-poètes, les techniciens de la langue. Par l'originalité de certains néologismes, la dérivation de formes grecques ou latines, la transformation de radicaux et la réactivation de nombreuses épithètes, nous avons tenté une décontraction totale du langage poétique. L'atténuation ou l'exagération du sens primitif de certains mots, devenant plus vague ou plus coloré, permettait ainsi au langage de prendre la forme de nos propres obsessions. Oui, ce qui compte avant tout, c'est l'expressivité extrême de l'écriture. Notre style « barbare, désordonné, furieusement polychrome (...) forgé de mots techniques pris au glossaire de l'antiquité [3] », est un style apocalyptique. Dans ce siècle agonisant, il est « le dernier mot du verbe sommé

---

1. J.-K. Huysmans, *Lettres inédites à Camille Lemonnier*, lettre II, 1876.
2. Paul Adam, *Petit glossaire pour servir à l'intelligence des auteurs décadents et symbolistes*.
3. Octave Mirbeau, Préface à *L'Agonie* de Jean Lombard.

de tout exprimer et poussé à l'extrême outrance [1] ».
Profondément impressionnés par le déclin du monde
et la découverte du néant qui l'accompagne, nous
avons focalisé tous nos efforts sur le langage, afin de
refléter et surmonter ce vide.

Notre « écriture artiste », par le délicieux sortilège
de l'épithète rare, a le pouvoir de faire disparaître la
trivialité du réalisme. Pour l'amour du raffinement,
elle poursuit son jeu d'orfèvrerie sur elle-même,
faisant d'un vers un bibelot d'art, polissant la courbe
d'une lettre pour l'amour de l'arabesque et le plaisir
de la complication visuelle.

Le dédain que nous avons des normes prosodiques
traditionnelles n'est pas l'unique motivation de la
grande attention que nous accordons aux problèmes
linguistiques ou ornementaux. Au nom de l'élaboration d'une écriture qui soit en mesure d'exprimer
les aspects les plus profonds de l'âme, nous nous
offrons le luxe de combiner et détourner les mots
jusqu'à l'épuisement du vocabulaire, et torturer la
syntaxe jusqu'à l'inintelligible. C'est en cela que
notre langue, se situant aux antipodes de la vulgarisa-
tion imposée par l'américanisme, est exceptionnelle.
Nous ne cesserons de lutter contre les bienséances
de l'art poétique : « Il y a une jolie vengeance à
tirer des pisse-froid qui n'ont jamais rien compris à
la langue si pénétrante, telle que nous tentons de
l'écrire [2]. » Ce qui nous pousse à faire violence au
langage n'est pas le culte exclusif de la forme, puisque
aux hautes sphères du Parnasse nous préférons le
grotesque des bas-fonds de la langue. Notre poétique

---

1. Théophile Gautier, « Notice » des *Fleurs du mal,* 1868.
2. Lettre de J.-K. Huysmans à S. Mallarmé, octobre 1882.

scandaleuse dissimule souvent bien mal notre épouvante métaphysique et le rêve d'un bouleversement profond...

Nos multiples tentatives scripturaires témoignent de l'offensive que nous menons contre les forces dissolvantes qui menacent la création artistique et étouffent le génie, contre la déchéance de la société et le mercantilisme du siècle. Mais pouvons-nous écrire sur la hantise de la décomposition de l'esprit sans décomposer à son tour le langage ? Sans mutiler la parole ? Est-il possible de rendre compte de notre anxiété par l'écriture sans excès ou sans parcimonie ? L'écrivain aura-t-il les moyens langagiers de son ambition ? Quoi qu'il en soit, « cette sacrée langue française est lourde à manier ! et pour lui faire rendre les effets qu'on rêve, c'est le diable ! [1] »

Souvenez-vous de ce vers de Fénelon : « Quoi que vous écriviez, évitez la bassesse... ». Mais pourquoi devrions-nous nous plier au bon usage de la langue et aux étroites théories de l'art poétique ? Pour avoir droit de cité dans les universités ? Pour rassurer le bureaucrate, le pire ennemi de l'écrivain ? Pour faire plaisir aux professeurs, « ces sphinx sans énigmes qui veillent devant les portes saintes de l'esthétique classique [2] » ? La belle histoire ! Assez d'idioties. Il ne s'agit pas pour nous, comme beaucoup l'ont prétendu, de définir dans l'écriture artiste « ce qui est joli, ce qui sent bon [3] », mais au contraire de réhabiliter ce qui est laid, ce qui pue. La notion de souillure est une de nos innovations et la langue

---

1. J.-K. Huysmans, *Lettres inédites à Camille Lemonnier,* lettre VIII, 1877.
2. Charles Baudelaire, *Curiosités esthétiques.*
3. Edmond de Goncourt, *Les Frères Zemganno,* « Préface ».

française notre proie divine. Nous l'avons violée mainte et mainte fois pour le plaisir de « bafouiller dans de la chair de déesse[1] ». Oui, le langage est aussi un grand cloaque et doit être traité comme une réalité ordurière. Il existe tout un « vocabulaire de latrines et d'hospices[2] ». Alors pourquoi ne pas l'utiliser à notre manière ? Puisque notre poésie est par essence fiévreuse et pourrissante, « cette poésie physique et maladive, d'une époque si désespérément décadente, cette poésie du spleen et du spasme, de la peur, de l'anxiété, de la rêverie angoissée, du frisson devant l'invisible, cette poésie adorée dans leurs œuvres par des générations qui n'ont plus que des nerfs[3] ».

Notre littérature est irréparablement atteinte dans son organisme. Comme les corps politique, urbain et humain, le corps du langage est travaillé par l'hybridation, la désintégration et la pollution. Nous sommes dans l'impossibilité de former une image pure et de pénétrer la langue de manière vigoureuse. Cela explique notre complaisance pour les descriptions organiques et les métaphores stercoraires, notre insistance sur le vocabulaire anal et sexuel. Notre littérature, « affaiblie par l'âge des idées, épuisée par les excès de la syntaxe, sensible seulement aux curiosités qui enfièvrent les malades[4] », est résolument orientée dans le sens d'une clinique.

Finalement, à la décadence du langage correspond la décadence de l'organisme humain. C'est pourquoi notre siècle finissant, obsédé par le corps et ses fonctions, en vient à transposer dans l'écriture

---

1. Joris-Karl Huysmans, *Là-bas*.
2. *Op. cit.*
3. Jules Barbey d'Aurevilly, à propos des *Névroses* de Rollinat.
4. Joris-Karl Huysmans, *A rebours*.

certaines de ses hantises physiologiques. Ecrire devient un acte de scatologue, un exercice d'expectoration, une fonction excrétoire. Les divagations de notre plume psychosomatique ne sont pas simplement des prétextes à décrire l'accablement dans lequel nous nous trouvons. Elles sont surtout l'occasion de dire la ruine du discours, l'impossibilité d'écrire dans l'intégrité et la cohésion. Nous sommes les auteurs du grand attentat contre la poésie, les porteurs de la syphilis littéraire, les virtuoses de la désintégration du langage.

Je ne pense pas que le goût que nous avons de l'effet partiel, que notre volonté de liquifier la langue, le rythme et même la pensée, soient les signes de notre impuissance à imposer au flux de notre écriture un principe directeur unique. La littérature « fin de siècle », édifiée de « fragments disparates réconciliés en la séduction d'une harmonie inattendue[1] », a sa logique propre, celle de l'éclatement et du fragmentaire. Dans une illusion plus superbe et plus vraie que toute réalité, elle multiplie les images dans le jeu mobile de ses fragments dispersés.

Nous avons fait naître une nouvelle forme d'unité textuelle qui trouve son équilibre dans la combinaison des vocables, dans la dissociation des mots et leur réunion. Nous avons imaginé d'autres rapports entre les mots afin d'ordonner « une infinité de couples nouveaux qu'une nouvelle opération désunira encore[2] ». Vertigineuse alchimie du verbe : le règne du mot est inauguré.

Sous notre plume dissolvante, l'intégrité du texte succombe pour devenir mosaïque de chapitres qui

---

1. Robert de Montesquiou, *Les Pas effacés*.
2. Robert de Montesquiou, *op. cit.*

eux-mêmes se font chapelets de mots : « Un style de décadence est celui où l'unité du livre se décompose pour laisser la place à l'indépendance de la page, où la page se décompose pour laisser la place à l'indépendance de la phrase, et la phrase pour laisser la place à l'indépendance du mot [1] ». Quelle victoire sur la littérature des magnifiques ensembles que cette nouvelle assomption du détail ! Si les mots pouvaient tenir par leur propre poids, s'ils pouvaient être assez définitifs pour suppléer à tous les autres ! Alors, enfin le lecteur « pourrait rêver, pendant des semaines entières, sur son sens, tout à la fois précis et multiple (...) il devinerait l'avenir d'âme des personnages, révélés par les lueurs de cette épithète unique ! [2] ». Je ne soulignerai jamais assez l'importance fondamentale de déterminants comme l'adjectif, et aussi comme l'adverbe : « ce dangereux subalterne est le chien de troupeau des phrases. Quand il commande, c'est pour dévorer [3] ».

Pouvoir condenser un roman en une page ou deux, tel est notre projet. Arriver et faire du poème en prose plus qu'un joli bijou. Atteindre, par l'économie du texte, la finesse d'un style allusif et nuancé. Parvenir à « l'osmose de la littérature [4] », à « l'huile essentielle de l'art [5] » : ainsi se résume l'ambition de l'écrivain décadent. « Il est l'homme de l'opuscule, du fragment, de l'essence, des linéaments extrêmes de l'émotion, du chuchotis mystérieux et bref. Il rêve d'un poème résumé en une strophe,

---

1. Paul Bourget, *Essais de psychologie contemporaine.*
2. Joris-Karl Huysmans, *A rebours.*
3. Léon Bloy, *Sur la tombe d'Huysmans,* « L'incarnation de l'adverbe ».
4. Joris-Karl Huysmans, *A rebours.*
5. *Op. cit.*

d'une strophe condensée en un vers, d'un vers resserré en un mot — un mot qu'il se répéterait à l'infini et dont la mélodie, appréciable pour lui seul, le plongerait dans une extase infinie[1]. »

Plus encore que l'esthétique fragmentaire imposée par notre style, on nous a reproché la tendance composite de notre littérature, l'éclectisme de nos inspirations. Pour nous, tout n'est qu'interpénétration de savoirs. Comment voulez-vous que dans une telle conception de l'art littéraire, si profondément pensée et architecturée, le jaillissement et la spontanéité aient une place ? Non, notre écriture n'est pas une écriture humble, puisqu'elle accueille toutes les tendances et cherche avant tout à déployer sa propre virtuosité.

Nous revendiquons l'encyclopédisme « fin de siècle » et la diversité de nos sources d'inspiration. Que nos romans soient qualifiés de « fatras inouï[2] » ou de « broussailleuse compilation[3] », peu nous importe ! Le mélange coupable des genres et la multiplication des approches littéraires sont devenus pour nous des vertus. Notre loi est celle de l'amalgame des styles. Notre Babel artistique est définitivement faite de pièces et de morceaux. Dans nos écrits, genres majeurs et mineurs se répondent, sublime et trivial finissent par s'annuler dans un agrégat sacrilège de références multiples. Mais c'est dans l'impureté, dans le mélange intentionnel de l'orient et de l'occident, du sacré et du profane ou de l'ancien et du moderne, que se trouve le fondement de notre

---

1. Adolphe Retté, *Aspects*, « Le Décadent ».
2. Léon Bloy, *Op. cit.*
3. Léon Bloy, *Op. cit.*

esthétique et que prend sens la liberté de nos évocations.

Si vous possédez, comme nous, une sensitivité plus que nerveuse, si vous recherchez ce dépaysement insolite provoqué par le voyage à travers les arts, alors votre esprit et vos sens, transportés loin du monde dans de nouvelles conjectures, seront comblés. « Je crois que les transpositions d'un art dans un autre sont possibles. Je crois même que les parfums correspondent à certaines idées, peuvent évoquer des tableaux ou rappeler certains sons (...) Je crois que la plume peut lutter avec le pinceau et même tourner mieux — et je crois aussi que ces tentatives ont élargi la littérature actuelle [1] ». Ces déplacements inouïs que l'on fait seul face à la beauté jusqu'aux frontières hésitantes des arts, Baudelaire, dans sa poésie des correspondances, les avait déjà éprouvés. Il ne nous restait qu'à pousser encore davantage cette sensation aiguë des similitudes, ce que nous avons fait, poursuivant toujours de nouvelles certitudes dans la fusion des images. Nous écrivons pour les yeux, et non pour les oreilles. Notre style byzantin, ne pouvant faire abstraction de l'image, s'attache à rendre la vision des tableaux avec la plume. Mais pas de n'importe quel tableau : nous ne sommes pas des écrivains franchement coloristes. Ce n'est pas la recherche de l'éclat qui nous préoccupe, mais l'expression, le rendu des nuances. Finalement, nous nous plaçons aux antipodes de l'académisme... Notre écriture, redoublant à l'intérieur du langage le travail réalisé sur les formes et les lignes, est plus proche du pastel que de l'huile,

---

1. J.-K. Huysmans, *Lettre à Marcel Batilliat*, sept. 1891.

de la gravure que de la peinture, du burin que de la brosse.

Existe-t-il un style plus cursif que le nôtre ?

Nous sommes des maîtres-ouvriers : notre matière est le langage, les objets de nos soins les mots. Comme le graveur qui concrétise d'un trait la forme qu'il démêle, l'écrivain raffine les mots : « Il en suce la moelle, il en lave la chair salie et mortifiée jusqu'à l'os par l'usage. Il sait la couleur des syllabes et le mystère des sons : il n'en fait pas montre à la foire mais il les chérit. Puis il coule cette matière merveilleuse dans la matrice de son âme[1]. »

Existe-t-il une pensée plus sinueuse que la nôtre ?

Nous sommes entichés d'arabesques et de volutes. Nous sommes hantés par les rapports entre les lignes droites et les lignes courbes, ces deux expressions toujours en lutte qui symbolisent parfaitement le danger que la matière fait courir à l'esprit.

---

1. André Suarès, *Idées et visions*, IV, « Art-Style ».

ORAISON POUR L'ART PICTURAL

« J'aime, j'aime toujours le beau fracas, l'aptitude à mettre les formes en action, le don de trouver l'accord des tons intenses. J'aime la belle matière ; mais ce qui me prend plus fortement, c'est l'œuvre où l'artiste me mène plus loin que là où il s'arrête — où il paraît s'arrêter (...) Gustave Moreau (...), Eugène Carrière me passionnent. Rops est subtil. Odilon Redon est singulier...

« J'ai pris l'horreur, mieux, le dédain des choses circonscrites. Mon idéal : Vérités ayant la magie du rêve[1]. »

Toute réalité est dans le rêve « à cent mille lieues de toutes les écoles, antiques et modernes, de peinture[2] ». Si notre époque regorge de peintres renommés, elle pullule de tableaux sans art dont l'imagination casanière est faussement moderne. « Etre soi-même à l'excès et un monde pour soi-même : voilà l'artiste et l'œuvre d'art[3]. » Nous vivons dans une fausse civilisation d'art. Je suis

---

1. Jean Dolent, *Amoureux d'art.*
2. Joris-Karl Huysmans, *Croquis parisiens.*
3. André Suarès, *Idées et visions*, II. « Art et Matière ».

123

absolument opposé à toute théorie évolutive de la création ; je suis convaincu que toute prétention positiviste signe définitivement l'abaissement de l'art. « La bêtise, la niaiserie infatuée sont telles qu'ils en arrivent à parler de la science moderne comme d'un adjuvant artistique. Un compromis entre les choses de l'âme, du rêve, et la science, c'est merveilleux d'imbécillité[1]. »

Quant à l'impressionnisme, il se trouve, à mon sens, dans la même impasse que le naturalisme : il demeure à la surface. « C'est dans l'air, la rivière clapote, c'est du soleil, les gens grouillent : c'est bien ça, ce n'est que ça[2]. » Cette école de peinture est trop facilement gaie. Pour moi, avoir un goût raffiné en art donne de la tristesse.

« Monsieur Gustave Moreau est un artiste extraordinaire, unique. C'est un mystérieux enfermé en plein Paris, dans une cellule où ne pénètre même plus le bruit de la vie contemporaine qui bat furieusement pourtant les portes du cloître. Abîmé dans l'extase, il voit resplendir les féeriques visions, les sanglantes apothéoses des autres âges[3]. » Cet artiste est un visionnaire hanté par le secret des vieilles théogonies, le symbolisme des races primitives. Sa peinture grandiose et marmoréenne possède une saveur bizarre. Elle est comme « un enchantement singulier, une incantation vous remuant jusqu'au fond des entrailles, comme celle de certains poèmes de Baudelaire...[4] ». Œuvres déconcertantes où se trouvent confrontés sur une même surface esprit et

---

1. Gustave Moreau, *L'Assembleur de rêves*. Écrits complets.
2. Jean Dolent, *Amoureux d'art*, « Les impressionnistes ».
3. J.-K. Huysmans, *L'Art moderne*, « Le salon officiel de 1880 ».
4. J.-K. Huysmans, *A rebours*.

matière, sans aucune communion possible. Etranges figures isolées, silencieuses et superbes, qui ne prennent aucune part apparente au drame qui les entoure, foudroyées dans une immobilité contemplative, une indifférente mollesse. Oui, les personnages de Gustave Moreau ont quelque chose « de beaux animaux à tristesse végétale[1] ». Ses Salomés, « avec leur charme de grandes fleurs passives et vénériennes, poussées dans des siècles sacrilèges et jusqu'à nous épanouies par l'occulte pouvoir des damnables souvenirs[2] », sont terriblement inquiétantes.

Curiosité archaïque et nervosisme moderne se mêlent étrangement dans ces toiles littéraires. Nous restons abasourdis « par cet art qui franchit la limite de la peinture, emprunte à l'art d'écrire ses plus subtiles évocations, et ses finesses les plus exquises à l'art du lapidaire et du graveur[3] ». Il est singulier de constater combien ces œuvres, qui mettent en scène, à travers l'expression insinuante d'une violence contenue, tout un passé d'hérésie sensuelle, sont finalement apaisantes. La poésie barbare qui s'en dégage constitue un temps de repos pour l'esprit, ramenant la pensée du spectateur vers l'idéal. L'artiste le dit lui-même : « Je veux (...) que ce cri de l'idéal domine tout et je sacrifierais à cela et le sujet et le bon sens même s'il le fallait[4]. »

Un autre grand artiste mériterait d'être classé parmi « les anges maudits de l'idéal » : Félicien Rops l'insoumis, symbole d'un travail profondément personnel, dédaigneux des contingences de toute

---

1. Gustave Moreau, *op. cit.*
2. Jean Lorrain, *Sensations et souvenirs*, « Les Artistes mytérieux ».
3. *Op. cit.*
4. Gustave Moreau, *op. cit.*

sorte — ce qui est plutôt rare « en cet âge de concessions au succès, au public, d'appétits féroces de tapage et de lucre [1] ». Mettant plus que tout autre une sorte de dandysme à cultiver lui-même sa relative obscurité, Félicien Rops aristocratise encore ses créations en méprisant les bruits de la presse et dédaignant l'éclat de la renommée.

L'œuvre de ce « simple fresqueur d'obscénités [2] » ou « illustrateur des cythères de la décadence [3] » ne peut être véritablement appréciée que par une poignée d'esthètes dédaigneux des réputations courantes. Rien n'est plus difficile à décoller que la fausse étiquette de la réputation d'un artiste que l'opinion publique, qui seule décide du succès, catalogue d'après les suffrages de la foule. Assez de pudibonderies crispantes ! Les planches étonnantes de l'énigmatique Félicien Rops ne doivent surtout pas être perçues comme de simples appels à la débauche ! L'ambition de son œuvre ne se limite pas à la présentation d'un catalogue exhaustif d'attitudes galantes ! Je m'adresse à tous ceux dont le système nerveux éminemment réceptif sera capable « de porter l'attention et l'étude qu'il faut pour deviner ce que ce crayon prétendument licencieux, concentre de grandeur et de poignante vérité sous son symbolisme [4] ».

Son œuvre, « sorte d'énorme messe noire [5] », est un savant mélange de réalité et de vision, de poésie et de grandeur religieuse : « nul n'est descendu plus

---

1. Roger Marx, « Joris-Karl Huysmans » dans *L'Artiste*, oct. 1893.
2. Octave Uzanne, *La Plume* n° 172, « F. Rops par la plume et le crayon ».
3. *Op. cit.*
4. *Op. cit.*
5. Camille Lemonnier, *L'Ecole belge de peinture.*

avant dans les eaux morbides du mal contemporain[1] ». Guettant avidement la modernité, l'artiste s'est attaché à peindre l'amour qui meurtrit, la passion qui avilit, « le nu vrai, qui sent la peau et le sexe[2] ». Il a tenté de regarder « bien en face, bien au fond, la femme contemporaine[3] », et il a surpris la démone. « Prendre la Parisienne et la monter jusqu'au style, c'est un impossible que Rops a tenté victorieusement[4] ». Ce créateur à part entière, qui connaît tous les procédés et qui les emploie selon son idée, « comme ses conceptions sont pensées, préfère au pinceau le burin pour les écrire[5] ».

Son œuvre magistrale, sorte de spiritualisation de l'ordure, a largement influencé notre littérature décadente : « Jamais son burin n'a une hypocrisie (...) il exprime le vice, hardi, ouvert, oseur[6] ». Il arrivera bien un temps où ce chercheur de modernités aura l'immortalité, où ce penseur infiniment profond sera considéré comme l'un des plus grands artistes du siècle : « Entre Puvis de Chavanne, l'harmonieux, et Gustave Moreau, le subtil, Félicien Rops, l'intense, ferme le triangle kabbalistique du grand art[7] ».

Un autre artiste m'émeut particulièrement : il est anglais et il s'appelle Aubrey Beardsley. Comme Félicien Rops, il a été, dès le début, victime de la cécité artistique de l'opinion publique. Ses œuvres

---

1. Camille Lemonnier, *La Plume*, n° 172, « Une tentation de saint Antoine de F. Rops ».
2. Octave Mirbeau, *La Plume*, n° 172, « Félicien Rops ».
3. Joséphin Péladan, *La Plume*, n° 172, « Les Maîtres contemporains ».
4. *Op. cit.*
5. *Op. cit.*
6. *Op. cit.*
7. *Op. cit.*

demeurent scandaleuses, autant par leur sujet d'inspiration que par l'originalité de son style : « Fantastiques, grotesques, incompréhensibles la plupart du temps, et répugnantes dès lors qu'elles deviennent compréhensibles [1]. » Pourquoi faut-il toujours que le goût de l'érotisme, du macabre ou du grotesque soit ainsi malmené ? Pourquoi faut-il qu'un malaise d'essence puritaine fasse une fois encore ici le procès de l'imagination et se refuse à admettre le génie en lui interdisant toute définition ?

Comme nous, l'audacieux Beardsley a choisi de mener bataille dans un des domaines de prédilection de la répression victorienne, la sexualité. Il a su, avec l'encre et la plume, en tracer le tragique. Comme nous encore, il a fait violence au contenu de l'image en lui imposant la distorsion du grotesque, concept toujours scandaleux et suspect à notre époque, au même titre que la décadence. L'anormal, le difforme et le grimaçant dérangent toujours...

Le grotesque a toujours servi de repoussoir au beau classique. Il a toujours fait partie, encore au début de ce siècle, de la tradition graphique du mal, de l'imaginaire du Diable. Il est heureux que Baudelaire et Gautier, et même avant eux l'ennuyeux Victor Hugo, aient redonné droit de cité au laid, au ridicule et au terrifiant. Nous nous sommes contentés de pousser à l'extrême cette passion, nous appliquant avec ferveur à tirer de la laideur, du déclin ou de la corruption, une beauté, Il ne s'agit plus alors de repousser le Beau, mais de le nier totalement.

Aubrey Beardsley a fantastiquement donné corps, à travers l'expressivité graphique de son travail, à une de nos obsessions fondamentales : celle de la

---

1. Le *Times* (à propos des illustrations de *Salomé*).

ligne et du trait. Revisitant l'enjeu du baroque, il a mis en scène, dans ses compositions, le combat de la ligne courbe contre la ligne droite, la pureté du trait contaminé par le décoratif. Ce dessinateur exclusif a réalisé pleinement le rêve de tout véritable artiste : allier à la maîtrise technique l'expression de son imagerie personnelle. Il l'a dit lui-même : « Beaucoup de fantastique dans la réalisation, mais une égale rigueur dans l'exécution [1]. » Composition abstraite et représentation d'une réalité, en somme. Il a su mettre l'accent sur l'aspect décoratif de l'art, que les contraintes naturalistes avaient entravé. Mais l'intensité de ses dessins n'a rien à voir avec la simple ornementation. Beardsley est plus qu'un illustrateur : il crée une image autonome à côté d'un texte. Je pense ici à sa magnifique série de dessins pour la *Salomé* d'Oscar Wilde : ces œuvres surprennent, dérangent ; on les admire à contrecœur, puis on est vaincu par l'acuité de leur génie.

Contrairement à l'Angleterre, la France continue à considérer les arts graphiques comme une expression mineure : « Il est frappant de constater à quel point l'importance du trait est mal perçue, même parmi les plus grands peintres [2] ». Il faudrait que l'historien d'art de demain puisse considérer aussi les dernières années du XIXᵉ siècle comme la revanche de l'esquisse en noir et blanc, de la couverture de livre et de l'album sur les grandes fresques épiques ou les chefs-d'œuvre du passé. Comme le dit Huysmans : « Les albums anglais et japonais sont en France les seuls ouvrages dignes d'intérêt [3]. »

---

1. Aubrey Beardsley, cité par Simon Wilson dans *Beardsley*.
2. Aubrey Beardsley, *op. cit.*, lettre de 1891.
3. J.-K. Huysmans, *L'Art moderne*, « Le Salon officiel de 1881 ».

J'aime la Belgique. Ce n'est pas un hasard : Bruxelles, Namur, Bruges la Morte, Ostende... Autant de villes qui représentent pour nous, décadents de la fin du XIXᵉ siècle, le foyer de la libre pensée, le courage de l'expression, l'asile de toutes les lassitudes. Ostende est la ville d'un artiste que j'admire, James Ensor. Personne n'a mieux que lui sonné le glas de l'art bourgeois et compris que la beauté devait se faire convulsive pour traduire la pourriture dans laquelle nous vivons. Visionnaire, il a vu une réalité au-dessus des réalités. Il a ressenti dans sa chair même l'esprit, la vie de la matière, même dans la banalité des objets quotidiens. Certains meubles sont hantés, les objets frissonnent. Témoin des préjugés, de la mascarade de la vie et de la bêtise bourgeoise, le monde est apparu très vite comme un milieu hostile : seuls la farce et le sarcasme pouvaient le corriger. « Sa sensibilité fine comme le grain d'un bois rare et précieux a subi les coups de rabot de la bêtise (...) il met comme une ardeur noire à dénaturer, à déformer, à calomnier la vie[1]. »

Ensor est l'inépuisable fantaisiste qui nous entraîne dans le royaume de la fantasmagorie et de l'hallucination, des diableries et des mascarades, qui éclabousse et provoque le ricanement, celui qui invoque une légion de diablotins pour lutter contre l'horreur environnante. Dans ces fantaisies grotesques, le plus souvent des eaux-fortes : « l'impudeur, l'indécence, la scatologie même apparaissent[2] ». L'artiste, en quête de sa vérité, erre parmi les masques, rencontre les squelettes. Là, il devient d'une violence inouïe. Regardez le portrait du peintre entouré de masques.

---

1. Emile Verhaeren, *James Ensor*, « Vie et caractère ».
2. *Op. cit.*, « Les Eaux-fortes ».

Terrifiant tableau où le peuple tragique des masques devient plus vivant que toute réalité : « Et les masques surgissent de partout : à droite, à gauche, du haut, du bas. Le champ tout entier de la toile en est comme encombré : ils se pressent, se tassent, s'enfièvrent. Il faut qu'ils assiègent le peintre, qu'ils le dominent, le hantent et l'hallucinent [1] ».

Terrible cauchemar du masque ! Tu nous pétrifies. Tu es le signe même de notre décadence... Prodige de l'artifice, tu nous tentes. La pâleur de ta cire et le creux de tes yeux sont insultants de vie. Notre visage n'est qu'un masque de chair recouvrant la brutalité de la mort. Objet de collection ou maquillage de pantomime, tu n'es jamais innocent. Bas les masques ! Nous nous retrouvons toujours face à deux de nos hantises les plus vives : la tête coupée, comme celle de saint Jean-Baptiste livrée à Salomé, et la tête de mort, beaucoup plus réelle que l'autre...

« Apparitions inconcevables [2] », sujets qui semblent empruntés « au cauchemar de la science [3] », « planches agitées [4] »... J'aime pour toutes ces raisons Odilon Redon. Ses gravures, ses dessins sont « en dehors de tout [5] », fruits d'une autre dimension : « Nous ne lui trouvons d'ancêtres que parmi les musiciens peut-être et certainement parmi des poètes [6]. » Charles Baudelaire, certes, mais surtout Edgar Poe, à cause du « fantastique de maladie et de

---

1. *Op. cit.*, « Les Toiles ».
2. Joris-Karl Huysmans, *A rebours*.
3. *Op. cit.*
4. Joris-Karl Huysmans, *L'Art moderne*, « Appendice ».
5. Joris-Karl Huysmans, *A rebours*.
6. Joris-Karl Huysmans, *L'Art moderne, op. cit.*

délire [1] » et « des effets de peur [2] » qui s'en dégagent. Redon cherche solitairement sa voie « sans autre initiateur à son rêve que lui-même [3]». Son art est sa douleur de vivre. « Je crois avoir été toujours peintre, sensitivement peintre, surtout dans les fusains et lithographies, et même avoir montré quelquefois le goût des substances. Sinon, tout ce que j'ai fait ne vaut rien [4]. »

J'aime l'atmosphère particulière de ses gravures, lithographies et dessins, de son œuvre noire en somme. Le noir de Redon est un noir total que rien ne prostitue, un noir sourd qui n'éveille aucune sensualité : « Il est agent de l'esprit bien plus que la belle couleur de la palette ou du prisme [5]. » L'austérité de ses fusains appartient au silence des ténèbres. J'apprécie surtout le fantastique singulier de ses dessins. Que se soit à travers l'expression de l'épouvantable araignée « logeant au mileu de son corps une face humaine [6] » ou celle des yeux fous « jaillissant des visages humains, déformés, comme dans des verres de bouteille, par le cauchemar [7] », cet artiste demeure pour moi « le Prince des mystérieux rêves, le Paysagiste des eaux souterraines et des déserts bouleversés de lave (…) Le subtil Lithographe de la Douleur, le Nécroman du crayon, égaré pour le plaisir de quelques aristocrates de l'art, dans le milieu démocratique du Paris moderne [8] ».

---

1. Joris-Karl Huysmans, *A rebours.*
2. *Op. cit.*
3. Odilon Redon, *A soi-même,* journal 1867-1915.
4. *Op. cit.*
5. *Op. cit.*
6. J.-K. Huysmans, *A rebours.*
7. J.-K. Huysmans, *L'Art moderne,* « Appendice ».
8. J.-K. Huysmans, *La Revue indépendante,* « Le nouvel album d'Odilon Redon ».

Redon l'occulte, Redon le tentateur, nous démontre par son œuvre et par ses écrits que l'avenir est au monde subjectif. Son art suggestif et indicible a le double pouvoir de provoquer la rêverie et d'inciter à la pensée. La magie est totale, l'impression indéfinissable, la spiritualité exaltante. Décidément, toute certitude est dans le rêve...

Notre époque est malade d'art. De toutes parts, le flot de peinture arrive. « Etre peintre ou n'être pas peintre ! Telle est la grande angoisse moderne[1]. » La vogue de l'art a chassé l'Art. Dans les salons, les lieux communs sur la peinture alternent avec les discussions politiques et les potins sur le théâtre. « L'art étant devenu, comme le sport, une des occupations recherchées des gens riches, les expositions se suivent avec un égal succès, quelles que soient les œuvres qu'on exhibe, pourvu toutefois que les négociants de la presse s'en mêlent...[2] » Qui songe à reconnaître, dans ce pêle-mêle étourdissant de toiles, les véritables artistes comme ceux dont je viens de faire l'éloge ? Eux-mêmes, « dégoûtés de cette promiscuité de plus en plus envahissante[3] » des expositions, devenues, à force de platitude, « les grands vomitoires de l'universelle médiocrité[4] », s'éloignent. « Et, loin du bruit, solitaires et heureux, ils travaillent à des choses que nous ne comprenons pas[5]. »

Comment voulez-vous que ces imbéciles qu'on

1. Octave Mirbeau, *Des artistes.*
2. J.-K. Huysmans, *Certains,* « Du dilettantisme ».
3. Octave Mirbeau, *op. cit.*
4. Léon Bloy, *Propos d'un entrepreneur de démolitions.*
5. Octave Mirbeau, *op. cit.*

appelle les critiques d'art, et qui sont généralement des hommes de lettres déçus ou des dilettantes de salon, découvrent les vrais talents ? Afin de ne pas se compromettre, ils se cantonnent à parler académisme, avec, bien sûr, délicatesse et finesse... Heureusement, il existe des personnalités aussi impressionnables, réceptives et exigeantes que celle de Monsieur Huysmans qui, outre une œuvre romanesque remarquable, nous a laissé deux écrits de critique artistique fondamentaux, *L'Art moderne* et *Certains*. « Ces deux livres de critique sont, pour leur sûreté de verdict et leur ferme exécution, les seuls qui aient été faits sur l'art moderne[1]. » Grâce à ce spectateur hors pair, nous avons redécouvert les similitudes, les secrètes affinités des sensations et des apparences que Baudelaire avaient déjà soulignées. Lui seul fut capable « de promener sur l'art ambiant le regard d'un voyant, d'opérer, au premier coup d'œil, dans le fatras des expositions, le tri de la postérité[2] ». La dénonciation de l'inauthentique et l'exigence du vrai moderne constituent le fondement de son œuvre critique. Par exemple, la femme peinte dans sa nudité est une preuve de modernisme en peinture. Encore faut-il avoir le talent de Degas pour rendre un vrai corps, « de la vraie chair poudrée de veloutine, de la chair maquillée de théâtre et d'alcôve, telle qu'elle est avec son grenu éraillé, vue de près, et son maladif éclat, vue de loin[3] ». Oui, le nu académique n'existe pas : toutes les femmes nues sont des femmes déshabillées. Il faut soit, comme Degas, réduire la déesse à la créature et la montrer

---

1. Félix Fénéon, cité par Hubert Juin, préface de *L'Art moderne / Certains*. 10/18.
2. Roger Marx, « J.-K. Huysmans » dans *L'Artiste*, oct. 1893.
3. Joris-Karl Huysmans, *L'Art moderne*, « Le Salon de 1879 ».

« en plein tub, dans les humiliantes poses des soins intimes [1] », soit, comme Moreau, maquiller la créature en idole, parer sa nudité de bijoux. Nous oscillons entre le naturalisme le plus exacerbé et le surnaturalisme le plus mystique. Et je crois que c'est dans cet écartement du goût, dans cette dynamique de l'incertitude que se trouve la clef de l'esthétique décadente.

Essayons d'inaugurer enfin un naturalisme spiritualiste... Huysmans, lorsqu'il décrit *la Crucifixion* du peintre primitif Grünewald, a cette même révélation : « Dans cette toile, se révélait le chef-d'œuvre acculé, sommé de rendre l'invisible et le tangible, de manifester l'immondice éplorée du corps, de sublimer la détresse infinie de l'âme [2]. »

C'est indéniable. Les écrits esthétiques de Joris-Karl Huysmans inaugurent le règne nouveau de la critique moderne. Il faut maintenant suivre les principes de son plan d'attaque : livrer un combat sans merci à l'académisme, abolir le privilège des réputations, rendre à l'originalité méprisée sa renommée usurpée par l'imitation, et enfin s'exprimer dans un style approprié afin que toute description picturale devienne « une image littéraire illusionnante (...) que chaque œuvre apparaisse dans son caractère et dans sa vraisemblance, évoquée par une prose suggestive, magique [3] ».

Si notre fin de siècle accorde sa prédilection aux arts littéraires et graphiques, au texte et à l'image,

---

1. Joris-Karl Huysmans, *Certains,* « Degas ».
2. J.-K. Huysmans, *Là-bas.*
3. Roger Marx, « J.-K. Huysmans », dans *L'Artiste,* oct. 1893.

elle a, croyez-moi, ses raisons. Qu'advient-il des autres arts ?

La sculpture est ennuyeuse. Le spectacle qu'elle offre est trop imprévisible, trop varié : « Brutale et positive comme la nature, elle est en même temps vague et insaisissable à la fois[1]. » Elle se découvre toujours sous une infinité de points de vues possibles. C'est ce manque de parti pris qui est le plus déconcertant. Le tableau, lui, « n'est que ce qu'il veut : il n'y a pas de moyen de le regarder autrement que dans son jour[2] ». Excepté peut-être Rodin : « Certes, je hais de toutes mes forces la plupart des tableaux exhibés aux salons annuels (...) je hais ces mystifications de grand art, ces vessies que la lâcheté du public et de la presse finit par faire accepter pour des lanternes ; mais je hais davantage encore, s'il est possible, ces autres vessies qu'on appelle la Sculpture Contemporaine. Les peintres sont des gens de génie à côté des plâtriers officiels[3]. »

La musique, elle, se donne à toutes les pensées, à tous les rêves, à tous les vices. La frénésie musicale qui emporte « les générations de vieillesse de ce siècle épuisé et désillusionné[4] » est agaçante. Observez l'auditoire lors d'un concert, scrutez ces visages recueillis. La salle vibre, tressaille, soupire. Quelle étrange atmosphère ! « Quel paradis leur ouvrent ces adagios, ces crescendos, ces furiosos, ces pizzicatos, toute la gamme de la fustigation musicale ! On ne sait...[5] » Le « vague au tympan » a-t-il définitivement

---

1. Charles Baudelaire, *Curiosités esthétiques,* « Salon de 1846 ».
2. *Op. cit.*
3. J.-K. Huysmans, *L'Art moderne,* « Le Salon de 1879 ».
4. Maurice Talmeyr, *Les Gens pourris.*
5. *Op. cit.*

succédé au « vague à l'âme » ? Tout le monde
vocalise, tout le monde pianote : « Mettez Lesbos en
musique et on le chantera en chœur dans les
pensionnats [1]. » Il est dommage qu'il faille, pour
écouter un morceau de musique, se plonger dans un
bain de multitude, affronter le public des mélomanes
extasiés qui assiègent les théâtres ! « La musique est
un art de promiscuité lorsqu'on ne peut la lire chez
soi, seul, ainsi qu'on lit un livre [2]. »

L'art dramatique a-t-il aussi perdu son âme ? Il
ne semble rester de lui que les actrices. Sous le faste
de ses décors, le théâtre actuel cache « un épuisement
et une caducité qui rappellent les époques les plus
ruinées et les peuples les plus vieillis [3] ». Oui, l'art
dramatique devient de plus en plus un art d'exhibi-
tion.

---

1. *Op. cit.*
2. J.-K. Huysmans, *A Rebours.*
3. Maurice Talmeyr, *Les Gens pourris.*

ORAISON POUR L'ART DECORATIF

Cette demeure hermétiquement close, artistiquement composée pour mon plaisir personnel, avec sa porte bleue de paon et ses murs de marocain fauve, est pour moi « une fraîche oasis de beauté dans le désert de Louis XVI que je trouve à Paris[1] ». Quel est celui d'entre nous qui n'a pas pris un délicieux plaisir à se construire un espace idéal, où tout ne serait qu'« ordre et beauté / luxe, calme et volupté[2] » ? Quel artiste raffiné n'a songé à s'approprier un territoire nouveau, libéré de toute contrainte, plus restreint mais plus dense que le décor de l'ancien monde ? Cette volonté d'isolement et de perfection n'est pas nouvelle. Depuis la nuit des temps, il existe de multiples exemples de lieux sacrés dont la clôture du monde conjurait l'éventuelle profanation. Mais nous n'avons ni l'envie, ni la prétention de reconquérir le paradis perdu de l'Eden primitif. Bien au contraire. Nous souhaitons élire domicile dans un paradis artificiel créé par notre

---

1. Oscar Wilde, *Lettres*. « A Jacques Emile Blanche », 10 avril 1883.
2. Charles Baudelaire, *Les Fleurs du mal*, « L'invitation au voyage ».

propre génie au cœur même de la modernité artistique, en marge de la société contemporaine. Ainsi, suivant mes goûts et mon tempérament, j'ai mêlé « la soie et l'or, le bois avec le métal, atténué la lumière du soleil, ou augmenté l'éclat artificiel des lampes, inventé même des formes nouvelles de meubles, ou entassé les formes anciennes [1] ».

Notre siècle est celui de l'invention de l'espace privé. L'hégémonie du modèle bourgeois s'inscrit dans le Paris rénové d'Haussmann comme dans les attitudes les plus quotidiennes d'une population dont l'ambition est d'acquérir un « chez soi » où se donner à elle-même la comédie d'une respectabilité et d'un bonheur stéréotypés. Quelle ridicule mystification que ce mode de vie fondé sur la bonne conscience triomphante et le désir d'apparat ! Grâce à Dieu, il existe une certaine élite d'esthètes pour lesquels l'étonnement des autres n'influence aucunement la composition d'un « home » qui ne se veut qu'artistique.

Se composer un « rêvoir » n'est réalisable qu'à travers une stratégie très élaborée de l'enfermement. Il faut d'abord faire table rase, rompre avec le désordre de la nature. L'utilisation du végétal dans l'art décoratif ne peut pleinement satisfaire notre esthétique qu'apprivoisée dans le cadre des serres. Ou alors, que la mystification soit totale, que les fleurs artificielles aient l'air d'être factices. « Aucune ne lui semblait réelle ; l'étoffe, le papier, la porcelaine, le métal, paraissaient avoir été prêtés par

---

1. Robert de Montesquiou, *Les Pas effacés.*

l'homme à la nature pour lui permettre de créer ces monstres [1]. »

La lumière naturelle ne peut être tolérée qu'à une condition : elle doit être méticuleusement travaillée, comme le peintre, sur sa palette, élabore ses couleurs. Je connais le sublime appartement du comte Robert de Montesquiou, quai d'Orsay. Il a consacré deux de ses pièces aux astres, et a voulu donner à l'une de ces chapelles païennes l'éclat d'un soleil pâle, « non pas un soleil faisant irruption par les fenêtres, ce qui est à la portée de tous les soleils, mais une lumière quelconque, principalement celle des jours maussades, qu'il devenait alors d'autant plus important de rendre attrayante et rosée [2] », et à l'autre, la clartée scintillante d'une lune argentée.

Occupé à des quêtes purement cérébrales, j'ai la sainte horreur d'être dérangé par les autres. Je me calfeutre délibérément dans l'univers étrange de ma demeure, dans ce refuge qui fait rempart contre la crue d'un monde vraiment trop bruyant et trop stupide. Le projet d'une vie claustrale est salutaire pour des hommes tels que nous, opprimés de dégoût. Je me sens comme une espèce de Philippe II enfermé dans un Escurial moderne, une sorte d'ermite profane goûtant les joies du célibat.

Ah ! « la réparante vie des solitudes [3] » ! Pouvoir se verrouiller chez soi, avec ses livres ! Etre un monde pour soi-même ! Exister enfin hors de l'univers et à l'écart du temps... C'est ce refus de « l'ici-même »,

---

1. J.-K. Huysmans, *A rebours*.
2. Robert de Montesquiou, *Les Pas effacés*, tome II.
3. J.-K. Huysmans, *A rebours*.

cette rupture avec les conventions de mon entourage, qui me donne le goût du « là-bas », qui m'incite à aller puiser dans un ailleurs ou un hier mythiques de nouvelles sensations, d'autres références. Si l'exotisme reste terriblement tentateur, ne vous méprenez pas. Il n'est plus, comme à l'époque romantique, prétexte à l'exaltation sentimentale. Notre fin de siècle l'a transformé en curiosité passionnée. Exotisme particulier qui ne participe ni de la fascination pour les cultures étranges, ni d'un rêve d'une vie plus libre. Le monde y est réduit le plus souvent aux dimensions d'une chambre dont les murs surchargés d'objets figurent tout horizon. Le voyage n'est donc plus qu'une imposture : « A quoi bon bouger quand on peut voyager si magnifiquement sur une chaise ?[1] ». Le voyage autour de ma chambre est un itinéraire fermé, bouclé, ayant soif de visions éternelles soustraites à l'aléatoire des rencontres, fondé sur la constante répétition des mêmes sensations provoquées et retravaillées, tout venant se fixer dans un ordre immuable qui est celui d'un univers intérieur complètement protégé. Les étapes ne se font plus de site en site mais de pièce en pièce, de meuble en meuble, d'objet en objet.

Dans le cadre de nos intérieurs, la féerie de l'orientalisme ne subsiste plus, hélas, qu'à l'état de traces, ou combinée à d'autres artifices décoratifs. Les autres cherchent l'Orient, nous l'Extrême-Orient. La fin du XVIIIe siècle avait été chinoise, la fin du XIXe siècle devait être japonaise. Depuis le succès des Expositions, on japonise beaucoup à Londres et à Paris, et grâce aux frères Goncourt, la vogue du bibelot japonais bat son plein. Il est de bon ton

---

1. J.-K. Huysmans, *A rebours*.

d'avoir chez soi un « cabinet de l'Extrême-Orient » encombré de porcelaines, de sabres et de bols de Satzu.

La nouvelle tendance est à l'exotisme d'appartement.

Ne vous moquez pas de cette passion dévorante. L'exotisme d'appartement ne se réduit pas toujours à la passion du collectionneur. Il est pour moi une véritable conception artistique du monde. J'imagine ma chambre comme le point d'ancrage où se rejoignent les courants maritimes qui viennent déposer là leurs trésors, sous formes d'objets d'art et de bibelots :

> « Russe pelleterie et tissages arabes,
> Emaux, cuivres persans, laques aux faibles lueurs
> M'apportent les travaux, les luttes, les sueurs
> Des artisans lointains, évanouis — ; poussières
> Lumineuses des goûts, des écoles, des ères
> Que la mode disperse et choisit en son van,
> Mer qui s'en vient mourir au pied de mon
> divan.
> Et, sur le brocart d'or, sable de cette grève
> Tous ces efforts lointains aboutis en mon rêve [1]. »

Au-delà de l'accumulation des bibelots et des curiosités artistiques, je construis un espace-tremplin pour les pays lointains, les époques reculées. Tout cela constitue une source d'excitation onirique, et tend à installer un climat idéal pour le bonheur de mes sens.

L'imaginaire spirituel est aussi une source de plaisirs rares. Je mène au sein de ma demeure une existence « presque analogue à celle d'un religieux [2] ».

---

1. Robert de Montesquiou, *Les Hortensias bleus*, « Alluvions ».
2. J.-K. Huysmans, *À rebours*.

Ma foi esthétique exige que je me livre à une véritable mise en scène, disposant autour de moi les objets du culte et de la discipline monacale, libérés de leur signification rituelle pour un usage domestique. Ce mysticisme d'appartement, je l'ai découvert porté à son comble, en visitant l'appartement de Mme de Courrière. J'ai découvert l'intérieur le « plus hétéroclite que j'eusse jamais pu imaginer dans le goût de ce monde mi-païen, mi-catholique, ou soi-disant tel. Ce ne sont que chasubles, nappes d'autel, objets du culte adaptés aux plus imprévues destinations, ostensoirs, corporaux, dalmatiques, candélabres aux cierges multicolores, mystérieusement allumés dans des coins d'ombre, près d'un lutrin superbe portant sur ses ailes des œuvres de Félicien Rops ou du marquis de Sade [1] ».

Lorsque j'ai décidé de composer, d'arranger ma demeure, j'ai désiré aller plus loin que la simple citation de styles passés, lointains ou curieux. J'ai élaboré un véritable projet symphonique pour une nouvelle partition décorative. L'esthétique de la reconstitution ne me suffisait plus. Il fallait organiser les éléments du décor dans un ordre inédit : « Aucun style d'époque ne régissait tout cela ; ils n'aboutissent, d'habitude, qu'à des reconstitutions tapissières, bien dénuées d'intérêt ; rien que le style du rêve, enchaîné par l'association des idées... [2] »
Notre esthétique décorative est un art de la dissonance.
Certes, en pénétrant chez moi, vous pouvez avoir

---

1. Henri de Groux, Cité par Hubert Juin dans la préface de *Histoires magiques et autres récits* de Remy de Gourmont.
2. Robert de Montesquiou, *Les Pas effacés.*

une impression de musée ou de bric-à-brac. C'est superficiel car les objets sont, pour moi, les nouvelles mesures de la démesure de l'espace « fin de siècle ». Par la sélection subtile de certains ornements, je veux aiguiser vos sens...

A l'image du Pharaon enfermé dans sa dernière demeure avec tous les objets qui, durant sa vie, lui ont été les plus chers, je me cloître dans mon intérieur « artiste » avec pour unique compagnie celle des bibelots que je vénère, car seuls ceux-ci ont la capacité d'adoucir ma peine et le pouvoir de soulager les plaies de mon âme :

> « Vous êtes l'amour du cœur qui vit seul.
> Vous êtes la foi de qui ne croit guère.
> Je sers votre culte comme un linceul,
> Un linceul de mort très délicieux,
> Car la solitude est comme un trépas [1]. »

J'adore cette profusion des bibelots, des tableaux, des meubles inutiles, cette architecture qui disparaît sous un amoncellement d'objets, reproduisant ainsi le mouvement de notre écriture lorsqu'elle recouvre la page de ses mots. Nous ne créons pas des milieux, nous faisons des décors. Dans nos romans, nous laissons libre cours à notre goût de la description, de l'inventaire, du « commissaire-prisorisme ». Nous sommes les mémorialistes des intérieurs, les « bibeloteurs » de la poésie. Mais, après tout, « pourquoi n'écrirait-on pas les Mémoires des choses au milieu desquelles s'est écoulée une existence d'homme [2] » ?

C'est ainsi que l'apothéose du bibelot bascule dans

---

1. Robert de Montesquiou, *Les Hortensias bleus*, « Prodigue ».
2. Edmond de Goncourt, *La Maison d'un artiste*, tome I, « Préface ».

la mystique de l'objet. Combien dans ma vie aurai-je tripoté d'objets d'art ? Combien de fois — est-ce avouable — aurai-je joui par eux ?

Dans « le sabbat du bric-à-brac » de ma demeure, dont l'ordre paradoxal naissant de l'exaspération du désordre est incompréhensible au profane, je ne veux et ne peux vivre qu'avec mon âme. Ma maison n'est pas un musée de curiosités. Elle est le territoire d'un seul, l'univers d'une conscience à la dérive, le lieu de l'impossible partage.

ORAISON CONTRE LE MONDE MODERNE

« La justice, si, à cette époque fortunée, il peut
encore exister une justice, fera interdire les citoyens
qui ne sauront pas faire fortune. »

Charles Baudelaire, *Fusées*.

Conçu comme un refuge, un cabinet de travail aux murs meublés de livres, aux cartonniers chargés d'estampes et de plans avec, comme dans un renfoncement, un vaste bureau dépourvu de tous attributs, autres qu'une liasse de feuilles blanches et une plume, disposée là comme un instrument.

Espace d'isolement et de culture, où se rejoignent les appréhensions du monde et de son histoire, le refus des banalités et de la vulgarité du présent, et le sentiment diffus d'une modernité qui s'instaure, sans pourtant que l'on puisse encore la définir.

Il se termine, et se commence le monde.

Nous sommes assurément en pleine décadence puisque l'absence de valeurs semble être devenue la règle du monde actuel : « Il n'y a plus d'opinions, il n'y a que des névroses ! Il n'y a plus de vocations, il n'y a que des besoins ! Il n'y a plus d'appétits, il n'y a que des gloutonneries ![1] » Nous tournoyons

---

1. Maurice Talmeyr, *Les Gens pourris,* « En décomposition ».

dans l'ineptie et dans la boue. Oui, le bonheur d'ici-
bas est ignoble, le présent insoutenable : « Dirons-
nous que le monde est devenu pour moi inhabita-
ble ? [1] », ce vaste monde moderne grouillant et
détraqué, sans limites et sans espérances. De l'amour
de la liberté est née une tyrannie nouvelle, l'américanisme. Notre siècle, dominé par le profit, est un siècle
pénitentiaire. « C'est le grand bagne de l'Amérique
transporté sur notre continent [2]. » On ne pouvait
tomber plus bas.

Je m'élève contre ce règne nouveau des valeurs
matérielles. J'accuse l'idée de progrès qui provoque
inexorablement la chute de toute société. Le monde
va s'écrouler, puisque l'on ne croit plus à rien et
que l'on ne s'indigne plus. Le progrès universel
et la ruine universelle sont devenus des termes
interchangeables, et j'ai comme la vision prophétique
d'une fin du monde. Cette apocalypse est souterraine,
non spectaculaire. Les apparences sont sauvegardées.
Cela ne la rend que plus inquiétante : « Nous
périrons par où nous avons cru vivre. La mécanique
nous aura tellement américanisés, le progrès aura si
bien atrophié en nous toute partie spirituelle, que
rien parmi les rêveries sanguinaires, sacrilèges ou
anti-naturelles des utopistes ne pourra être comparé
à ses résultats positifs. Je demande à tout homme
qui pense de me montrer ce qui subsiste de la vie [3]. »

Quel gâchis ! ce misérable siècle exalte la prospérité
de ses inventions alors qu'il n'a rien édifié mais tout
détruit. L'héritage du Second Empire est finalement
assez désastreux. Les métamorphoses économiques

---

1. Charles Baudelaire, *La Belgique déshabillée.*
2. J.-K. Huysmans, *A rebours,* chap. XVI.
3. Charles Baudelaire, *Fusées.*

et sociales de la France par l'essor du capitalisme, la révolution industrielle, la législation, l'appareil bancaire et l'urbanisme, ont entraîné toutes les formes de l'infatuation humaine, l'avilissement des cœurs, la déchéance morale et l'atrophie du spirituel.

Le progrès, qui se veut la grande idée du siècle, est la plus monstrueuse des machines de guerre contre l'esprit. Est-ce ça l'avenir ? — « un pas en avant vers l'inéluctable fin ? » Notre dénonciation excessive et virulente du positivisme triomphant reflète la profonde ironie de cette fin de siècle qui est peut-être la fin du monde.

Epoque paradoxale qui, ayant abandonné toutes convictions, invente pourtant chaque matin une science neuve : « Ah ! elle est bien, la science contemporaine ! Tout le monde découvre une maladie nouvelle ou perdue, tambourine une méthode oubliée ou neuve et personne ne sait rien[1]. » La recherche de la petite bête a remplacé la quête du Saint-Graal ou celle du Saint-Esprit. Les médecins se spécialisent de plus en plus et, soignant un organe au détriment des autres, empoisonnent tranquillement le corps. Ainsi les scientifiques sont les nouveaux prophètes. Pasteur est venu « et le microbe, en retard de soixante siècles sur la création, est enfin sorti du néant[2] ». Divinité nouvelle, la science, qui souille les pages des romans naturalistes, est devenue le maître mot des exigences contemporaines : « La science pour aller vite, la science pour jouir, la science pour tuer ![3] »

---

1. Joris-Karl Huysmans, *Là-bas.*
2. Maurice Talmeyr, *Les Gens pourris.*
3. *Op. cit.*

Derrière la négation de l'idée de progrès et la condamnation du scientisme se profile non seulement notre incroyable misanthropie — conception plus que pessimiste de la nature humaine — mais aussi notre rejet de la société républicaine, de « ces temps de curée, où, sans frein, sans gouvernement, les hommes de toutes les classes, torturés par le ventre, s'abandonnent à leurs instincts de brute... »[1]. Nous assistons à l'écroulement du vieux monde, à la mort de l'aristocratie qui, plus qu'un parti, est un tempérament. La noblesse sombre « dans le gâtisme et dans l'ordure », tandis que les classes inférieures s'avilissent davantage, découvrant toutes sortes de turpitudes. Etrange, la société de l'avenir ! Quel ennui en perspective ! Ah ! l'humanité est bien malade... « On ne voit plus que des hommes qui font les bêtes, et — quelle déchéance ! — des bêtes qui font les hommes ![2] »

Paris hurle d'ivresse, flamboie d'orgies, mais on ne s'amuse plus. Tout le monde envie tout le monde et les médiocres s'incrustent dans le moule brisé par les génies : « Un tel est ministre ! Et pourquoi pas moi ? Un tel a du génie ! Et pourquoi pas moi ? Un tel a du talent ! Et pourquoi pas moi ? C'est *la Marseillaise* de la bêtise humaine[3]. »

Elle est belle, la civilisation. Les races latines sont en train de vivre leur décomposition : nous assistons au déclin de l'Occident sous la menace du péril jaune. Au XXIe siècle, les langues européennes auront peut-être disparu ou seront devenues des dialectes hors d'usage...

---

1. *Op. cit.*
2. Maurice Talmeyr, *Les Gens pourris,* « Charlot s'ennuie ».
3. *Op. cit.,* « On demande un horloger ».

Les femmes jouent aux hommes et les hommes singent les femmes. « Nous périssons d'égalité mal comprise et mal appliquée[1]. » Le monde littéraire perd une à une ses plumes. L'Académie française a sombré dans le ridicule. Le panthéon des hommes distingués est devenu « le Jokey-club des chauves[2] ». Imaginez ces quarante petits vieux « qui tremblotent sur la confection du dictionnaire, et qui s'amusent, de temps en temps, avec leur costume vert, à se déguiser en lézards sous une coupole ![3] ».

Le public ne s'intéresse plus qu'à l'actualité : il lui faut sa pâture quotidienne de faits divers. Le journalisme a tué peu à peu la littérature pour ne s'intéresser qu'aux refrains de café-concert ou aux levers de rideaux. La presse vit d'annonces comme la fille vit de ses charmes. Elle s'offre à nous « avec une opinion politique pour sourire, des chroniques pour appâts et des finances pour dessous, et possède, elle, tout un répertoire, varié sans relâche et renouvelé sans cesse[4] ».

En ce siècle de tartuferie américaine où l'on confond l'auteur avec sa création et où l'on rejette une œuvre à laquelle un artiste aurait consacré sa vie, le bourgeois trône, jovial et stupide. Si les beaux-arts périclitent et s'effondrent en un « déluge de niaiseries molles[5] », c'est qu'il faut « de l'honnêteté au tripoteur d'affaires, de la vertu...[6] ». Sa lecture se limite aux grandes mécaniques industrielles des

---

1. *Op. cit.*, « Les Femmes ».
2. *Op. cit.*, « Académiciens ».
3. *Op. cit.*, « Souvenirs de Paris ».
4. *Op. cit.*, « Souvenirs de Paris ».
5. Joris-Karl Huysmans, *A rebours.*
6. Léon Bloy, *Exégèse des lieux communs.*

naturalistes ou aux romans tièdes de Paul Bourget. Comme il m'obsède ce bourgeois irritant et fascinant de bêtise ! Anti-poète, il règne par la force de son argent et la contagion de sa sottise. Le résultat de son avènement se résume à « l'écrasement de toute intelligence, la négation de toute probité, la mort de tout art [1] ». Qu'il est agaçant de voir Paris sous le joug de l'obscurantisme de ces parvenus, de ces prétendus grands hommes dont le corps se résume aux viscères !

Badauds ! Vous haïssez le mystère ! « Vous croyez que le bonheur consiste en biftecks cuits à point et en bonnes lois électorales [2]. » Uniquement dominés par l'idée du profit, vous êtes unis dans la même foi dans un progrès économique tempéré de conservatisme social. C'est à votre ignoble satisfaction que nous devons « l'immonde éclosion des sociétés de gymnastique (...), les cercles de paris mutuels et de courses [3] ».

Vous ne faites aucun usage de la faculté de penser et paraissez vivre sans être sollicité par le besoin de comprendre quoi que ce soit. Des êtres bornés, des Joseph Prudhomme, des Bouvard et Pécuchet, des prédicateurs de concierge issus du grand Voltaire ! Oui, « je m'ennuie en France, surtout parce que tout le monde y ressemble à Voltaire ! [4] ».

Puisque la pauvreté est un vice, vous brillez dans les affaires. L'universelle harmonie l'exige : votre devoir est d'être riche. Et pour vous, être dans les affaires, c'est être dans l'absolu... C'est pourquoi

---

1. Joris-Karl Huysmans, *op. cit.*
2. Théophile Gautier, *Fusains et eaux-fortes,* « Utilité de la poésie ».
3. J.-K. Huysmans, *Là-bas.*
4. Charles Baudelaire, *Mon cœur mis à nu.*

vous préférez sans hésitation un inventaire de fin d'année à la Chapelle Sixtine !

Puisque être comme tout le monde veut dire être comme il faut, vous êtes d'honnêtes gens. Soyez rassurés. Grâce à votre instinct grégaire, le bétail humain se résume à un uniforme troupeau d'imbéciles : « C'est le sacre de la multitude ![1] » Hommes pratiques avant tout, vous n'êtes jamais dans les nuages. Ah ! ça ! vous êtes bien de votre siècle. A cheval sur les principes, seule la vérité est indiscrète et offensante. Mais finalement, vous vous en lavez les mains...

Le bourgeois a la bonne conscience pour étendard. S'il a très peu d'idées, il est tout de même bien-pensant. Si son langage est limité, il profère au moins, systématiquement, une infinité de lieux communs. « Obtenir enfin le mutisme du bourgeois, quel rêve ![2] » Rêve impossible... Le bourgeois a institué tous les sacerdoces contemporains : « Il n'y a guère que le sacerdoce religieux qui ne soit plus un sacerdoce[3]. » Sordide bourgeois prétendu chrétien, ton honneur consiste uniquement à faire en sorte qu'il n'y ait aucune distinction entre les hommes qui gagnent, d'une manière ou d'une autre, de l'argent. « Alors, comment espérer en l'avenir, comment s'imaginer qu'ils seront propres, les gosses issus des fétides bourgeois de ce sale temps ? Elevés de la sorte, je me demande ce qu'ils feront dans la vie, ceux-là ? Ils feront, comme leurs pères, comme leurs

---

1. Léon Bloy, *Exégèse des lieux communs.*
2. *Op. cit.*
3. *Op. cit.*

mères (...). Ils se vidangeront l'âme par le bas-ventre ![1] »

Bourgeois, tous vos petits bonheurs font mes grands désespoirs.

L'apothéose du cerveau économique a entraîné, par la fascination de l'or, la rupture des grandes idées, mettant ainsi le cerveau imaginatif en déroute. Si l'argent nous apparaît comme « une volonté mystérieuse dont l'énergie d'expansion est incalculable et qui, pourtant, n'est que la monnaie de l'indicible[2] », pour le bourgeois il est le rédempteur, le froment des élus, le Dieu qui pour régner doit être dévoré. Pour lui, croyez-moi, si le silence est d'or, la parole est d'argent... L'encombrante question financière ne se contente pas d'écraser de son clinquant tout véritable éclat : elle obstrue également les esprits. La soumission à l'argent est totale, l'alphabet financier commence aussi par la lettre A mais se décline à l'infini : Argent, banques, bourse, capital, commerce, consommation... Paris est contaminé par les relents nocifs de la prospérité pécuniaire. La Bourse, le monument consacré de l'or, s'érige :

> « Comme un torse de pierre et de métal
> debout
> Qui cèle en son mystère et son ardeur profonde
> Le cœur battant et haletant du monde[3]. »

L'attrait du commerce a donné aux bourgeois le droit de juger le monde. Faute d'être des hommes, les hommes sont devenus de « la chair à factures » :

---

1. J.-K. Huysmans, *Là-bas.*
2. Léon Bloy, *Exégèse des lieux communs.*
3. Emile Verhaeren, *Les Villes tentaculaires*, « La Bourse ».

« Toujours clients, clients quand même ! Nous sommes l'engrais du commerce et de l'industrie ![1] » Aujourd'hui, le négociant n'a qu'un but : nous tromper sur la marchandise et frauder sur le poids des denrées qu'il nous vend. C'est enfin « l'immense, la profonde, l'incommensurable goujaterie du financier et du parvenu rayonnant, tel qu'un abject soleil, sur la ville idolâtre ''qui éjacule'' d'impurs cantiques devant le tabernacle impie des banques ![2] » Nous assistons à l'hégémonie du capitalisme juif. De nos jours, le héros moderne est un banquier juif qui — faute d'exploits véritables et d'empires lointains à conquérir — assoit sa petite victoire de boutique dans un large trône d'or.

L'avidité du siècle ravage même l'Eglise. Le négoce a envahi les cloîtres, et les monastères ressemblent étrangement à « des usines d'apothicaires et de liquoristes[3] ». Nos curés sont devenus d'exécrables soutaniers. De représentant de l'Eglise, le prêtre s'est transformé en apôtre du Dieu Million et « murmure des additions dans ses prières[4] ». Elle est belle, l'intégrité de la religion ! Comment voulez-vous que l'office divin conserve son mystère recueilli si le serviteur de la messe a « en guise d'images pieuses la cote des valeurs dans son bréviaire » et se fait tonsurer « selon le diamètre exact d'un écu de cent sous ![5] »

L'arrivisme a également gagné la littérature. L'aristocratie de l'âme n'est plus de mise pour tous ces faux-poètes qui font sonner l'argent à défaut

---

1. Maurice Talmeyr, *Les Gens pourris,* « Chair à factures ».
2. J.-K. Huysmans, *A rebours.*
3. Joris-Karl Huysmans, *op. cit.*
4. Maurice Talmeyr, *Les Gens pourris.*
5. *Op. cit.*

d'écrire de brillants sonnets. Affamés de considéra-
tions, ces littérateurs « singent le haut négoce [1] ».
Quant aux collectionneurs d'art, ils ressemblent de
plus en plus à des épiciers dont l'hôtel des ventes
serait devenue la Synagogue. Ainsi ceux qui, comme
le prêtre, l'écrivain ou l'artiste, devraient consoler,
décrire ou apaiser les misères humaines, se contentent
de les exploiter. Alors, qu'on ne me parle plus de
liberté, d'égalité, ou même de fraternité.

Si c'est cela la démocratie, « un régime d'aisance
à l'usage de quelques centaines de tyrans et de
quelques centaines de bouffons [2] », alors c'est le
régime le plus funeste. Comment voulez-vous que
cette société soi-disant démocratique, profondément
mesquine et ennemie de toute distinction, vivifie nos
cœurs désenchantés et ne nous dégoûte pas de tout
engagement politique et humanitaire !

« La république actuelle n'est pas la République,
c'est vrai ! La démocratie où nous vivons n'est pas
la Démocratie, c'est vrai, mille fois vrai ! Nous
n'avons qu'une parodie crottée de la monarchie
constitutionnelle, jouée par des cabotins goulus,
vidant les plats et les pots ! Nous n'avons que la
groinfrocratie, la goujatocratie, la loufocratie, la
pornocratie et la saltimbanquocratie ! Mais à qui la
faute ? [3] »

Alors pourquoi surmonterions-nous notre nihilisme
pour nous engager dans un combat perdu d'avance ?
Notre sentiment d'impuissance est total et notre

---

1. Joris-Karl Huysmans, *Là-bas*.
2. Maurice Talmeyr, *op. cit.*, « Le repas du forçat ».
3. *Op. cit.*, « Gens de lettres ».

mépris de l'humanité sans appel. Nous laissons les affres de l'action à la robuste plèbe. Je veux rester en dehors de ces querelles partisanes qui remuent la France. Je reste persuadé qu'« il n'y a de gouvernement raisonnable et assuré que l'aristocratique. Monarchie ou république basées sur la démocratie sont également absurdes et faibles [1] ».

Paradoxalement, le milieu de l'anarchie aurait pu nous séduire, parce que ses aspirations répondent à la fois à celles des esprits purs épris de justice idéale et à la contestation anti-bourgeoise des artistes. « En temps de décadence, tout le monde est anarchiste, et ceux qui le sont et ceux qui se vantent de ne pas l'être. Chacun prend sa règle en soi [2]. »

Nous sommes les ennemis des lois, mais nous pouvons tout à fait l'être sans nous livrer aux violences de l'émeute ou nous encanailler par pur snobisme : « L'anarchisme est un genre, comme l'anglomanie. L'anarchisme seul pouvait séduire un esprit délicat, puisqu'il garde le suprême mérite d'épouvanter les gens vulgaires [3]. »

Nous ne sommes pas des révolutionnaires.

J'élève contre cette « démocratie franc-maçonne, capitaliste et sémitique [4] » ma révolte et mon individualisme. Si je devais revendiquer un parti quelconque, ce serait le plus ancien, celui du scepticisme. Je n'ai nul besoin de conquête et ne veux relever aucun défi. J'ai, depuis longtemps, compris la vanité de tout effort. Les grandissements soudains de fortune et les tapages de la politique ne sont que de vastes

---

1. Charles Baudelaire, *Mon cœur mis à nu.*
2. André Suarès, *Idées et visions.*
3. Paul Adam, *Critique de mœurs.*
4. Camille Mauclair, *Le Soleil des morts.*

duperies qui irritent mon mal de vivre et concourent à la déperdition de mon énergie morale : « Je n'ai pas de convictions, comme l'entendent les gens de mon siècle, parce que je n'ai pas d'ambition (...) Cependant, j'ai quelques convictions, dans un sens plus élevé, et qui ne peut pas être compris par les gens de mon temps[1]. »

---

1. Charles Baudelaire, *Mon cœur mis à nu.*

HYMNE A LA MODERNITE

« Il faut être absolument moderne. »

Arthur Rimbaud, *Une saison en enfer.*

Moderne, modernisme, modernité... N'aurait-on plus que ces mots à la bouche ? Quelle erreur ! le dernier, utilisé à tout bout de champ, reste « un gros mot bête qui ne signifie rien [1] ». Je voudrais parler d'une certaine modernité indissociable de nos préoccupations, paradoxale mais incontournable, celle de notre fin de siècle. Je n'évoquerai surtout pas les effets de la furie de la nouveauté sur notre civilisation, ni les progrès récents de la technique ou de la science : « demander de l'intérêt à la vie moderne, il y a de quoi faire éclater de rire les pavés et les murs [2] ». Si je peux être fasciné par une certaine forme d'actualité, ce qui est simplement nouveau me laisse froid et indifférent. C'est pourquoi je ne me ferai pas l'historien de la décadence du moderne, mais le témoin attentif de la modernité de la décadence.

Difficile question. Il semble déjà si compliqué de

---

1. Félicien Rops, Correspondance in *Les Muses sataniques. Félicien Rops,* de Thierry Zeno.
2. Joséphin Péladan, *Curieuse !*

163

se reconnaître comme un moderne lorsque l'on a le sentiment d'arriver trop tard dans une civilisation vieillissante ! Pourtant, décadence et modernité, rétrospection et prospection ne sont plus dans mon esprit deux notions opposées : elles se confondent, se prolongent et se parachèvent l'une l'autre. Ce que j'appelle avec délice « modernité décadente » est, du point de vue esthétique, un mélange de hardiesse et de régression se caractérisant, bien entendu, par le détraquement des valeurs établies. Elle est le produit d'une synthèse artificielle entre trois notions paradoxalement rassemblées : l'entrée dans le champ de l'art de la plus brûlante et la plus immédiate actualité, la présence du surnaturel ou de l'occulte et l'omniprésence du passé.

Je m'adresse ici à tous les artistes. Sous le prétexte d'être de son temps, il ne s'agit pas de « moderniser » malgré soi. Il faut rendre certains aspects de la physionomie et l'impression psychologique de son époque, en un mot, en retracer les tendances. Si nous ne remplissons pas nos cœurs et nos esprits des idées et des images de notre temps, l'art ne sortira pas de ses tâtonnements. Pourquoi reculer devant la réalité de notre âge et déserter ainsi le présent ? Pourquoi se réfugier inlassablement dans le passéisme ou l'abstraction ? « Quoique justifié par le progrès hideux, ce recul de l'Art est coupable, il manque à son devoir qui est d'éterniser, à mesure qu'elles passent, les mutations des formes, enveloppes de l'âme[1]. »

Sans aucun doute, peindre « le moral de la vie

---

1. Joséphin Péladan, *La Plume*, n° 172, « Les maîtres contemporains ».

moderne » demande le travail incessant d'une sensibilité affinée. Mais la modernité est là, tout près de nous, partout, étalant ses joies et ses douleurs, « avec sa physionomie nerveuse et surmenée qui n'appartient à aucune autre, où la préoccupation d'argent et le travail intellectuel exagéré accentuent les masques et flétrissent hâtivement les joues roses. Et on ne rend pas tout cela ? [1] ». La vie n'a jamais été si brûlante. Elle crie, s'amuse et s'exténue dans la rue et dans les salons avec tant de perversité et d'impudeur ! Puisqu'elle se donne ainsi, pourquoi ne pas saisir avec la plume ou le pinceau les fureurs de son abandon ? Je suis persuadé que « la clé de la contemporanéité est dans la modernité. Aujourd'hui, pour être un artiste contemporain, il faut être un moderne, et un moderne, pour être grand, est forcé à mille fois plus d'efforts qu'un antique [2] ».

Je n'évoquerai ni ne célébrerai à nouveau les mystères ou les vertus de l'occultisme. Je me contente de souligner une fois encore l'extraordinaire engouement pour le surnaturel que connaît notre fin de siècle et qui n'est pas étranger à la modernité dont je parle : « Cette soif d'au-delà où le détraquement de l'esprit moderne croit trouver son excuse et trouve son châtiment [3]. »

La présence du passé est chez nous obsédante. Se dire moderne, c'est être conscient de toutes les antiquités, avoir parfaitement assimilé tous les héritages des anciens mondes. En un mot : « Etre moderne,

---

1. Félicien Rops, Correspondance in *Les Muses sataniques, Félicien Rops,* de Thierry Zeno.
2. Joséphin Péladan, *op. cit.*
3. Catulle Mendès, *Gog.*

c'est avoir tout le passé présent à l'esprit[1]. » Désormais, l'ancien et le moderne ne sont plus à comprendre, comme au XVIIᵉ siècle, en terme d'antinomie, mais de complémentarité. Il n'y a plus querelle, mais amalgame. Ceci implique, bien évidemment, une déformation et une complication des données primordiales, puisque aux anciens mythes se sont ajoutés les mythes modernes. J'espère qu'un jour notre décadence en fera partie...

Autre alliance caractéristique de notre modernité. celle du sublime et du trivial. Nous voulons nous éloigner délibérement des modèles révérés par l'académisme, manquer volontairement de recul, faire entrer des objets et des notions qui, jusque-là, n'avaient pas droit de cité dans l'art. La parodie est un art qui, bien souvent, a été trop relégué. Nous en faisons une force, au même titre que le grotesque, parce que nous sommes convaincus que c'est précisément dans toutes ces formes de décalages que réside notre modernité.

Ainsi, nous opposons la répétition et la distorsion à l'invention. Anachronisme, particularisation à outrance... Tout est permis, pourvu que cela fasse violence au modèle. Ni la modernité ni l'antiquité ne sont épargnées : seul l'excès doit gagner. Il était temps de procéder à ces dévalorisations. Qui donc, sans cela, nous aurait délivrés des Grecs et des Romains ? Au moins, nous aurons gagné en distance critique ce que nous avons perdu en vitalité...

Reste l'érotisme, impulsion essentiellement moderne, dont nous avons tenté, à différentes reprises, d'extraire l'essence et la spiritualité. A Paris, le

---

1. Joséphin Péladan, *op. cit.*

166

vice flamboie et l'« étal flasque et monstrueux de la luxure »[1] stigmatise à jamais notre fin de siècle :

> « Modernité, Modernité !
> A travers les cris, les huées,
> L'impudeur des prostituées
> Resplendit dans l'Eternité[2]. »

De Saint-Lazare aux abattoirs, les filles publiques, « roses de trottoir » fleurissent, se flattant d'exciter le désir de tous les hommes, du boucher au fils de lord. Et derrière la cité moderne qui luit comme une mer « de phares merveilleux et d'ondes électriques », Paris proxénète apparaît comme une ville sinistre :

> « Jérusalem infâme aux monuments boueux.
> Cité de pharisiens, changés en fils de cuistre,
> Où le temple est vendu aux vices qui sont Dieux[3]. »

Paris, ville lumière. Hélas ! Je n'y vois « qu'une informe fusion, un holocauste du mensonge[4] ». Lieu de la névrose et de l'errance, capharnaüm où « s'exaspère le présent »... Babel convulsive de « chair, de sang, de vice et d'or », contre toi la province ne pouvait pas lutter !

Enorme métropole, ville empoisonneuse ! Tu étends sur mon âme l'ombre de tes murailles. Je m'enfonce parmi la cohue, le troupeau ténébreux des imbéciles et des inutiles.

« Je t'aime, ô capitale infâme ![5] » Tu es, ainsi

---

1. Emile Verhaeren, *Les Villes tentaculaires,* « L'Etal ».
2. Jean Lorrain, *Modernités,* « Modernités ».
3. *Op. cit.,* « Hérodias ».
4. Camille Mauclair, *La Ville lumière.*
5. Charles Baudelaire, *Petits Poèmes en prose,* « Epilogue ».

« qu'autrefois Rome et Byzance, le plus vif foyer d'humanité, où les passions surchauffées flamboient avec le plus d'énergie et d'intensité [1] ». Je cède à tes suggestions maléfiques. Puisque la nature ne peut me sauver, autant que la ville me perde. Paris, au moins, regorge de tentations :

> « Modernité, Modernité !
> Sous le sarcasme et la huée,
> La nudité prostituée
> Saigne au fond de l'éternité » [2].

---

1. Jean Lorrain.
2. Jean Lorrain, *Modernité,* « Eternité ».

ORAISON POUR MOI-MEME

« Veule, esseulé, dans un complet de moire
Blanche, appuie au fauteuil un front brûlant et lourd,
Qui ne peut plus aimer et ne voudrait plus croire. »

Jean Lorrain, *Modernités*.

Un cabinet de toilette octogonal, somptueux comme un boudoir de reine. Au centre de la pièce, une vasque de porphyre rouge, encastrée dans des dalles de marbre rose, s'étageait sur trois marches. Un vitrage de même ton enveloppait le tout d'une lumière pourpre. Dans un angle, sur une tablette de marbre blanc, était posé le service de toilette avec toutes ses pièces de bohême rose. Des éponges, des brosses, des cosmétiques et des essences de toutes sortes envahissaient les **étagères** de bois de citronnier situées au pourtour. Les pans de murs restés libres étaient littéralement couverts de porcelaines et de dessins à la gouache.

« Avant tout, être un grand homme, et un saint pour soi-même[1]. » Tel est mon désir. Ne suis-je pas la seule chose qui me reste ? J'ai l'intime conviction que seul le culte du moi peut me permettre de survivre à mes illusions. Ne voyez pas dans ces paroles la marque d'une vanité profonde. Si j'ai une haute idée de moi, elle est à la mesure du mépris que m'inspire mon entourage. Je ne vois dans la contemplation de ma solitude ni la présence d'une

---

1. Baudelaire, *Mon cœur mis à nu.*

171

essence supérieure ni la marque d'une impitoyable malédiction. Farouchement indépendant, ombrageux et orgueilleux, je suis mon propre geôlier et pousse le verrou sur cette vie que je hais et qui passe derrière ma porte. Je suis trop personnel et si loin de toute complaisance que je ne puis accepter le partage : « Je n'aime que mon désir et je hais celui des autres (...) Je ne suis ni un être de tendresse ni de sentiment. Je suis un être de caprice, de libertinage et de volonté qui n'a jamais aimé personne[1]. »

Je m'observe, je m'examine, je me dissèque. Je me vois si nettement, si cruellement, que j'en arrive à devenir le parodiste de ma propre personnalité, me retrouvant, à force d'analyses, à rebours de moi-même. Insensible ou presque à toute autre chose, je me vis comme une révélation et prends pour mon image corrompue un intérêt passionné et maladif. Si j'en avais la force, je pourrais mourir du trop-plein de caresses que je m'inflige...

Mais je ne suis pas immuable. Afin de me défendre et de me créer, il me faut me façonner. Je voudrais pouvoir me cultiver à l'infini et me permettre ainsi d'accueillir intensément les sensations les plus diverses. Alors, je paraîtrais devant moi-même comme le statisticien de mes émotions. L'univers ne pourrait ni me résister ni me nuire. De mon égotisme naîtrait une règle de vie, une méthode de la culture du soi, et je pourrais enfin prouver ma différence et m'exclamer : « Aujourd'hui j'habite un rêve fait d'élégance morale et de clairvoyance. La vulgarité même ne m'atteint pas, car, assis au fond de mon palais lucide, je couvre le scandaleux murmure qui

---

1. Jean Lorrain, cité par sa mère dans *Jean Lorrain intime,* de G. Normandy.

monte des autres vers moi par des airs variés, que mon âme me fournit à volonté [1]. »

Mais pouvoir commander pleinement son être nécessite une délivrance totale de soi-même. Je ne le puis pas, mon corps m'obsède trop. Alors je me commente à l'infini, me délecte de mes maux, me dévore. L'auscultation que je fais de moi-même est le seul antidote à mon désespoir. Le monde peut tout me prendre, sauf la libre disposition de ma capacité à m'élever ou à me perdre. Rien ne peut m'empêcher de m'abolir, si j'en ai le désir...

Manie de l'introspection ? Abus de soi ? Sans aucun doute. Cette dilatation, ce déploiement de ma conscience tournent à l'idée fixe. Mais être spectateur de soi-même, avoir pour toute altérité le soi, s'écouter parler et pour avoir raison se donner la réplique demandent un détachement total et l'exercice d'une solitude vécue dans le dépouillement. Je vis dans l'abondance des références et me balance entre tous les excès pour finalement n'apercevoir qu'un reflet incertain de moi-même, usante image qui manque à tout instant de disparaître tant lui font défaut le soutien divin ou les regards extérieurs.

Mon pouvoir est sans nom, puisque je rivalise avec Dieu et tends constamment au désir mythique d'une création de soi par soi, aussi éprouvante soit-elle.

A vouloir ne consister qu'en moi, il m'arrive de me perdre, me trouvant tout à coup en équilibre instable, à cette croisée du chemin où la solitude et

---

1. Maurice Barrès, *Le Culte du moi.*

l'exhibitionnisme se rencontrent, où le paraître tend à aspirer l'être.

Il m'est agréable aussi de jouir de mon épuisement en société puisque mon instruction et mon dilettantisme me le permettent. Il paraît que mon arrogance et mon ironie me rendent *fashionable*. Je ne m'y oppose pas : « L'important, dans les apparences de cataclysmes, c'est de se persuader qu'on est le centre de l'action : les autres se comportent, on se conduit [1]. »

Je suis un dandy fin de siècle : « c'est une manière d'être, entièrement composée de nuances, comme il arrive toujours dans les sociétés très vieilles et très civilisées, où la comédie devient si rare et où la convenance triomphe à peine de l'ennui [2] ». En ce temps de décadence, mes élégances de tenue me sont une arme, comme mes paradoxes d'idées. Je suis pénétré par mon rôle, enlacé par mon vêtement, signe immédiatement reconnaissable, dans le silence même.

Avoir le goût de la parure n'est pas un jeu innocent. Outre une réaction contre l'hostilité du milieu, une protestation de la frivolité contre l'utilitarisme et une révolte de l'imagination contre les valeurs étriquées, se vêtir est aussi pour moi un art. Il ne s'agit pas de chercher des effets de pose ou d'étonner le bourgeois : plus que l'expression d'une affectation vestimentaire, il faut trouver le moyen de faire de l'art de paraître une valeur suprême, même si la démocratie ne semble permettre l'élégance

---

1. Robert de Montesquiou, cité par M. Delbourg-Delphis, *Splendeurs et misères du dandysme.*
2. Jules Barbey d'Aurevilly, *Du dandysme et de Georges Brummel.*

qu'à la seule oisiveté, en la raillant. Esquisser par l'impertinence de ses façons une indépendance farouche, que ce soit dans la pure correction ou par une touche excentrique. L'école du raffinement n'est pas celle de l'extravagance, mais celle de la recherche personnelle d'une distance insolente révélée par la négligence calculée ou l'archaïsme désinvolte. Les désuétudes aussi exhalent une dernière splendeur...

Savoir s'habiller, je le répète, relève de l'art. Il ne s'agit pas d'enfiler un habit, mais de le façonner. L'élite des délicats, celles des esthètes raffinés, est seule capable de noter la finesse d'une étoffe, l'excellence d'une coupe ou la justesse d'un coloris. L'élégance est un art aussi sérieux que la peinture, le véritable artiste le sait : « J'irais jusqu'à dire qu'il a le goût de la nuance d'un pantalon, et le monsieur qui se proclame uniquement amateur de tableaux et jouisseur d'art seulement en peinture est un blagueur qui n'a pas le goût de l'art en lui mais s'est donné par chic un goût factice [1]. »

Se donner par chic un genre de fausse élégance, se sangler, se corseter, se pommader... L'homme, à la fin du XIXᵉ siècle, se met volontiers à sa toilette, travaille son habit, son teint, ses cheveux, son parfum. Combien ai-je croisé de « gandins » et de « snobs », arpentant Paris jour et nuit afin d'y rénover le dandysme ! Malades de vanité, pédérastes comme il convient, ils s'affolent jusqu'à la caricature. Mis à peindre, rasés de près, stick en main, on les voit faire les cent pas au bois :

« Les décavés, dit-on, au fond ce sont des filles.

---

1. Edmond de Goncourt, *Le Journal des Goncourt.*

Filles sous leur fraîcheur de mâles trop lavés,
Comme les filles las de n'être pas levés [1]. »

Ce sont des « tarabiscotés ».

Si moi-même j'affectionne les déguisements et
aime à me baguer comme une reine d'Orient, il ne
faut voir là que fantaisies d'esthètes sur lesquelles je
fonde une espèce de nouvelle aristocratie purement
artistique. Pour le reste, j'encadre ma misanthropie
dans un décor et garde une « convenance exquise en
matière d'habillement [2] ». Je n'adhère réellement à
aucune mode. J'incline tour à tour vers les formes
sans me donner à aucune, personnalisant mon
vêtement par le seul accessoire. J'aime, comme des
Esseintes, me vêtir d'un costume de velours blanc et
planter « en guise de cravate, un bouquet de parme
dans l'échancrure décolletée d'une chemise [3] ». J'affectionne particulièrement les redingotes savantes,
les gilets de velours et les nœuds de cravate personna-
lisés et de couleur suavement mourante. On me
rencontre aussi bien dans un salon de la rue de
Rome, en habit noir, ayant l'air d'un Asmodée
mondain, que dans une allée du bois, conduisant
« dans un pardessus mastic, gants rouges et cape à
la mode, touffe de fleurs à la boutonnière, une haute
carriole de gravure anglaise [4] ».

Avec la décadence, l'habit s'est trouvé magnifié,
sensibilisé. J'assortis moi-même mon vêtement non
seulement aux variations de la météorologie, mais
aussi à celles de mon humeur. Mettre un costume

---

1. Jean Lorrain, *Modernités*, « Décavés ».
2. Byron, cité par Emilien Carassus dans *Le Mythe du dandy*.
3. J.-K. Huysmans, *A rebours*.
4. Emilien Carassus, *Le Snobisme dans les lettres françaises*.

gris perle lorsque la journée est pluvieuse et la température de l'âme particulièrement basse, voilà une façon plus subtile de vivre le monde.

L'âme passe par cent saisons. Elle s'ouvre à toutes les transcendances d'une vie flottante comme la pensée. Si mon corps devient l'objet d'une attention particulière, il ne devrait, en aucun cas, être un obstacle à ma vie intérieure... Pourtant, sans perdre de ma séduction, je me démolis doucement. L'ennui, les hantises coupables, les morosités doucereuses et les bizarreries de la débauche cérébrale m'accablent. On ne guérit pas d'une « Baudelairite aiguë ».

Les complications de mon esprit et les écarts constants de mes états d'âme mettent mon corps au supplice. Je passe perpétuellement d'un état d'excitation totale à une sorte de catalepsie morbide. J'en arrive à croire que je n'ai finalement ni sens moral ni sens physique. Suis-je bon à foutre à l'eau ? Par moments, « je voudrais être boucher, gras, rablé, sain et vigoureux d'âme et de corps, bête à miracle, b...r à volonté et aimé d'une cuisinière [1] ».

Mon cerveau est avide de jouissance animale et la littérature nourrit mes vices : « Au fond, le foutre c'est le cerveau. Quand on travaille, adieu la baliverne [2] ». La jolie santé que tout cela me fait ! Ma vie a la perpétuité d'une convalescence, « longue comme une dernière espérance, endolorie, recueillie, silencieuse, lasse, lasse de tout [3] ».

Comment décorer de noms décents la lente dérive

---

1. Jean Lorrain, lettre à Oscar Meténier, cité par G. Normandy dans *Jean Lorrain intime.*
2. *Op. cit. Correspondance.*
3. *Op. cit..*

de mon naufrage personnel ? Fuyant ce siècle mûr comme un abcès, je me terre chez moi comme une bête traquée, afin de faire le compte et le décompte, « comme un boutiquier de l'âme », de mon propre malaise, pour ensuite tenter de retranscrire mes vertiges sur le papier.

C'est d'abord l'ennui, « ce monstre délicat[1] », qui me ruine l'âme.

Mon mal est sans contours... Ennui mélancolique, je ne peux me délivrer de toi, tu ne peux me délivrer de moi. Tu m'absorbes tout entier dans la plénitude de ta langueur. Le monde s'effondre et « des siècles d'ennui sur nos fronts s'écroulent[2] ». Maintenant, les chimères me font mal. A quoi bon gaspiller sa vie à regarder le ciel ? Non, notre désespoir n'est plus naïf : trop de physiologie, trop de psychologie l'ont dénaturé. Nous classons une à une nos amertumes dans le cimetière de nos âmes :

> « En vérité, je vous le dis,
> La fin de siècle que nous sommes
> N'est pas encore le paradis. (...)
> Nous vivons dans une atmosphère
> Où tout dit le néant des cieux[3]. »

N'y a-t-il plus rien ? Suis-je voué à la désespérance ? Je suis triste de cette tristesse angoissante et douloureuse qui n'a pas de cause. Sur le fumier des vieilles croyances, d'anciens désirs passent : « Je sens mon âme étreinte par une peine indicible. Sourdes transes où l'on s'éprouve se déjeter, se retordre, se

---

1. Charles Baudelaire, *Les Fleurs du mal*, « Au lecteur ».
2. Maurice Magre, *Choix de poésies*, « La plus triste nuit ».
3. Jean Richepin, *Les Blasphèmes*, « Prologue ».

recroqueviller, hors du temps [1]. » Ennui nauséeux, « fruit de la morne incuriosité [2] », tu as d'autres noms : le vague à l'âme, le mal du creux, le mal de vivre. Mon cœur se lève comme avant la débâcle. J'ai longtemps préféré succomber à la tentation plutôt que de t'affronter. Mais je suis revenu de tant de choses ! Mon âme est malade, aujourd'hui, d'un ennui dense. Je fouille mon cerveau en vain. Dans la rue, rien de nouveau : des passants bêtes, des fiacres, de la boue. « Et je m'embête, voilà. Heureusement, j'aime les vers, les livres, les vrais tableaux, les bonnes eaux-fortes, des coins de nature, des toilettes de femmes, des types imprévus... Bref, tout le kaléidoscope de la vie. Mais on est fini et bien misérable au fond quand la vie n'a pour vous que l'intérêt d'un kaléidoscope... N'est-ce pas ? [3]. »

Quand l'ennui se fait névrotique, s'engage alors le processus de dégradation irrémissible. Lorsque le plaisir devient la seule réalité et les surprises de l'intellect la seule vérité, on s'exténue à force de « moudre à vide ».

L'exaspération des nerfs remplaçant les saines ardeurs de la vie, le tourment spirituel devient quasiment insoutenable. Les ivresses dangereuses d'un esthétisme extrême sont la conséquence de cette espèce de dégénérescence. La névrose est une maladie de l'âme décomposée, maladie dont le côté spirituel échappe « à la force chimique des remèdes ». Toute influence corrompue devient fatale : « Là, près de

---

1. Francis Poictevin, *Double.*
2. Charles Baudelaire, *Les Fleurs du mal,* « Spleen ».
3. Jules Laforgue, lettre à Charles Henri, 1882, *Exil, Poésie, Spleen.*

ces confins où séjournent les aberrations et les maladies, le tétanos mystique, la fièvre chaude de la luxure, les typhoïdes et les vomitos du crime, il avait trouvé, couvant sous la morne cloche de l'Ennui, l'effrayant retour d'âge des sentiments et des idées[1]. »

Les purulences de mon âme me portent à de folles effusions de cruauté. J'ai connu d'interminables nuits de révolté « où j'aurais voulu étreindre tous les corps, humer tous les souffles et boire toutes les bouches (...) Vous voyez bien qu'un démon me possède... Un démon que les médecins traitent avec du bromure et du valérianate d'ammoniaque, comme si les médicaments pouvaient avoir raison d'un tel mal[2] ». Ma maladie serait-elle celle du désir inassouvi ? Non. J'ai tout épuisé, et mon déséquilibre est la conséquence de la conscience aiguë que j'ai de toutes choses.

Je suis envahi par la neurasthénie : « Aucun visage, aucun souvenir ne me sont plus un repos, une distraction, une halte dans l'ennui qui me ronge[3] ». Je cherche en vain un exutoire à mon spleen. Je ne peux me complaire dans l'inanité de tous les plaisirs qui naissent du contentement. Non, le bonheur n'est pas un agent de volupté : « Il n'y a de forte joie que par l'âpreté de la sensation[4] » qui seule peut nous permettre de surprendre le substrat de l'être.

« Anywhere out of the world[5] » : je recherche un

---

1. J.-K. Huysmans, *A rebours*.
2. Jean Lorrain, *Monsieur de Phocas*.
3. Octave Mirbeau, *Les Vingt et Un Jours d'un neurasthénique*.
4. J.-K. Huysmans, *op. cit.*
5. Charles Baudelaire, *Petits Poèmes en prose*, « Anywhere out of the world ».

lieu de nulle part. Que l'on m'offre un autre univers ou je succombe. Ma claustration volontaire et maladive aboutit à des états pathologiques. Je m'y sens comme exilé, de l'autre côté de la vie. J'ai l'impression de vivre comme une fille de harem « dans une atmosphère énervante, où l'ambre et l'éther excitent et détruisent les nerfs [1] ». L'espace déconcertant de ma demeure est comme la métaphore de mon âme affolée, la projection de ma crise intérieure. Je vis dans le monde clos et luxuriant de la serre, haut lieu de l'artifice, image des mauvaises dispositions de mon âme qui fermentent la déchéance. Oui, cette maison de verre ressemble à mon existence...

Je me projette aussi vers d'autres latitudes. Un exotisme morbide me transporte dans l'atmosphère sépulcrale et faisandée des villes mortes. Il existe, entre mes états d'âme et la détresse de ces paysages agonisants, une correspondance, comme la consonance d'une désolation incomparable. Je pars dans des périples léthargiques et imaginaires vers ces magnificences délabrées : « Morte, Byzance gouverne toujours le monde [2]. »

La jouissance est plus vive parmi ce qui meurt... Byzance, Ravenne, Venise... Trois villes dont la beauté ardente et triste aspire à se faire pourriture sublime, trois cités trop mûres qui perdent leur sève, trois lieux légendaires fatigués du simulacre de leur grandeur défunte. Elles sont le miroir de mon désenchantement, les marais de mon âme.

Je m'enlise aussi dans les brumes étouffantes de

---

1. Rachilde, *Les Hors-Nature.*
2. Paul Adam, *Le Triomphe des médiocres.*

Bruges la Morte, ville sommeillante qui prédispose aux songes morbides, aux splendeurs illusoires, Bruges, comme mon âme, « stupéfiée dans la solitude, confite dans l'alcool du silence »[1].

C'est pour tenter d'éloigner l'ennui que je me transforme en vampire intellectuel et m'abreuve du sang vicié des civilisations.

« J'ai plus de souvenirs que si j'avais mille ans[2] ».

J'ai honte de l'avouer, tant cette maladie est banale. Je sens la comédie que je me joue à moi-même, celle de la désespérance. A perpétuellement osciller entre le néant vrai et déplaisant du monde réel et le néant faux et plaisant du rêve, je me sens muré vivant dans une prison éternelle. Trop à l'abri, « mon âme est pâle d'impuissance / Et de blanches inactions[3] ».

La conscience du malheur est grave, puisqu'elle se transfigure en vision du monde, celle d'une apocalypse. Nous ne croyons ni en la paix que nous cherchons ni dans les plaisirs que nous poursuivons. L'horizon est définitivement bouché. Mais le néant ne vaut-il pas mieux que l'éternité ? Oui, l'angoisse du vide a quelque chose de voluptueux, et la contemplation des fissures de mon être aboutit à une attitude proche de l'extase.

Il existe un orgueil de la défaite, une plénitude de la décroissance. Finalement, nous sommes terriblement macabres... Serait-ce le signe d'une profonde hantise de la mort ? Pourtant, j'en ai assez de me résigner à vivre l'à-peu-près de la vie, l'à-peu-près de la beauté, l'à-peu-près de l'amour. « Toujours la même

---

1. Camille Mauclair, *Le Charme de Bruges*.
2. Charles Baudelaire, *Les Fleurs du mal*, « Spleen ».
3. Maurice Maeterlinck, *Serres chaudes*, « Oraison ».

chose la vie. Une navrance perpétuelle. Et la mort ?
Bah ! l'inconnu du moins [1] ».
  Ai-je assez vécu ? Dois-je supporter les limbes, la
tragédie de l'éternelle attente ? Peut-être que la mort
me procurera une autre jouissance, la dernière, celle
que l'on ne partage jamais.
  Mon testament est celui de la connaissance et de
ses combats.
  Que ce livre reste au moins dans vos consciences,
comme le psautier de la tristesse moderne. Ne
pouvant plus continuer, j'ai choisi de vous livrer le
secret de mon mal de vivre. Que me restait-il en
dehors du mysticisme, du culte de l'âme et du goût
du néant ?
  La religion demeure pour moi une énigme, un
problème irrésolu. Si au moins j'avais pu posséder
la foi et pu la mettre à l'abri du chaos désordonné
de mes réflexions ! Mais on ne peut s'empêcher de
discuter avec soi-même et oublier « ces maudites
découvertes qui ont détruit l'édifice religieux, du
haut en bas, depuis deux siècles [2] ». Balayant ma
résignation et mon indifférence, un dernier accès de
rage m'envahit. Mon impuissance est arrivée à son
comble, puisque dans un dernier sursaut je ne puis
m'empêcher d'invoquer Dieu :
  « Seigneur, prenez pitié du chrétien qui doute, de
l'incrédule qui voudrait croire, du forçat de la vie
qui s'embarque seul dans la nuit sous un firmament
que n'éclairent plus les consolants fanaux du vieil
espoir ! [3] »

---

1. Humbert de Gallier, *Fin de siècle.*
2. Joris-Karl Huysmans, *A rebours.*
3. *Op. cit.*

CONCLUSION

C'est sur l'impasse et le silence qu'immanquable-
ment se boucle sur lui-même le discours décadent.
Impasse affectée, sans doute, car le désespoir, aussi,
est une pose. Au terme de la passion décadente, il
ne reste plus, disait Barbey d'Aurevilly à propos de
Huysmans, qu'« à choisir entre la bouche d'un
pistolet ou les pieds de la croix ». Mais l'esprit
« fin de siècle » ne reste fidèle à lui-même que
d'interminablement repousser ce choix, de maintenir
en lui la perpétuelle tension de cette hésitation entre
le salut et la mort. « L'homme est un sursitaire du
suicide, voilà sa seule gloire et sa seule excuse »,
écrit Cioran. Il est aussi un sursitaire de la foi.

Entre ces deux issues, notre narrateur se refuse à
choisir. A ces deux tentations, il ne peut pas céder.
C'est donc en ce lieu qu'il nous faut le laisser,
l'abandonner à la virtuosité et à la jouissance d'une
parole qui ne naît que de, sans fin, se contempler
elle-même.

Sans fin : le crépuscule est éternel puisque chaque

jour l'appelle. Les siècles n'en ont jamais assez de finir... Et la parole décadente, aujourd'hui encore, se prolonge en chacun de nous, raisonne dans le moindre de nos mots. « Les queues de siècle se ressemblent. Toutes vacillent et sont troubles », écrivait Huymans à la fin de son roman, *Là-bas*.

Comment ne pas être frappé par la multiplicité des rapprochements et des conjonctions ?

Bien proche du XIXᵉ siècle finissant, notre époque semble avoir perdu le goût du naturel et de l'authentique et découvre dans le mensonge la forme la plus haute parce que la plus subtile de la vérité. La sophistication est la séduction de notre temps et, lorsque le naturel y subsiste, c'est comme un élément parmi d'autres dans un jeu plus complexe — jeu où ne s'exprime plus rien d'autre qu'une systématique volonté de raffinement, un affolement de toutes les significations dans une pure perte et une totale dépense. Ouvrez n'importe quel magazine et, de page en image, suivez le défilé des masques.

Dans ce dérèglement joyeux, le spirituel, comme il y a un siècle, fait retour. Huysmans l'avait très justement remarqué : « Alors que le matérialisme sévit, la magie se lève ». Quel meilleur résumé que cette formule pour notre temps qui voit se conjuguer le développement croissant de la société de consommation et le déferlement de ce que Freud avait nommé la « boue noire de l'occultisme » ? Selon la célèbre formule de Malraux, nous n'aurions plus d'autre alternative que le retour du spirituel. Sans doute, mais ce spirituel c'est moins notre foi que notre goût qui nous porte vers lui : fascination ludique pour l'astrologie, élan mystique vers un Dieu que nous recherchons volontiers dans les fresques de

Michel-Ange, mais que nous refusons dans les confessionnaux.

Le Dieu que nous acceptons est celui de l'esthétique, non celui de l'éthique. En ce domaine, l'esprit « fin de siècle » règne aussi. « Plus une décadence s'accentue, plus l'obsession sexuelle s'accuse », écrivait Joséphin Péladan. Mais cette obsession sexuelle peut prendre les visages en apparence les plus contradictoires : obscénité, libertinage, homosexualité ou chasteté ; autant de symptômes d'épuisement et d'exacerbation. Fin-de-sexe : horizon dernier de la libération des mœurs, atténuation de la différenciation des sexes.

L'art, de même, s'est défait de sa naïveté. Loin des productions commerciales qui ne visent qu'à satisfaire le goût commun du public, il tend vers une exigence plus grande : refus de l'abstraction comme du simple réalisme, mais jeu plus subtil dans lequel se mêlent tous les styles. Par la multiplication des formes, un nouveau baroque s'invente qui porte aussi le nom de post-modernisme mais qui, quelquefois, sombre dans le kitsch : éclectisme dans lequel le plus ancien au plus moderne se noue. Dans ce style qui se cherche, une voie s'impose, celle de la subjectivité retrouvée que laissent entendre, tout comme il y a un siècle, les textes les plus créateurs de la littérature moderne.

Quelle autre voie puisque d'une société qui se perd rien ne subsiste sinon l'individu et l'affirmation de sa singularité ? Il est à lui-même l'objet de son propre culte, dernière valeur d'une société en faillite de valeurs. L'individualisme s'affirme aujourd'hui comme le dénominateur commun de toutes nos idéologies d'avenir. Il hésite encore entre hédonisme et égoïsme, mais le Narcisse d'aujourd'hui est le double du dandy d'hier : il a découvert que la culture de soi est la seule forme d'héroïsme qui nous reste.

Que reste-t-il alors de ce discours de la décadence qui se prolonge jusqu'en nous ? Sûrement pas les certitudes d'une analyse historique de l'évolution des sociétés. Trompés par une fallacieuse analogie, les philosophes, de Montesquieu à Valéry, ont cru que l'existence des nations, comme celle des individus, allait inexorablement de la naissance à la mort. Le diagnostic de décadence porté sur une époque révèle plus de choses sur la psychologie de celui qui le formule que sur l'état de la société qu'il dénonce. Inutile de rappeler qu'à l'aube du XXᵉ siècle, la France, pratiquement au sommet de sa puissance, est loin d'être dans une situation objective de décadence, aussi bien en termes politiques, qu'économiques ou culturels. La décadence n'est donc surtout pas le reflet objectif d'une réalité historique, elle est le regard subjectif porté sur elle.

Dans le courant de l'histoire, la décadence se veut comme une pause de réflexion, une parenthèse d'analyse. Elle est l'envers critique d'un siècle qui, plus qu'un autre, aura cru au Progrès. Face aux certitudes et aux illusions lyriques d'un temps qui pense en avoir fini avec l'obscurité, elle revendique une part de crépuscule et de doute. Bilan critique indispensable, étape nécessaire comme l'avait si bien senti Mallarmé lors de la parution de ce livre-manifeste que fut et reste *A rebours* de Huysmans : « Le voici, ce livre unique, qui devait être fait — l'est-il bien par vous ! — cela à nul autre moment littéraire que maintenant ! »

Mais, dans cette négation, la décadence trouve la force d'une affirmation plus haute, celle de l'esthétique. Paul Valéry l'a souligné, il est peu de périodes de notre histoire artistique qui soient aussi riches : « Cela a été une époque qui, malgré son peu de durée, malgré peut-être certains excès auxquels s'est livré le symbolisme, comme il fallait qu'il s'y livrât, a été dans la littérature une époque remarquable par le fait de l'acquisition extraordinaire, intellectuelle, apportée dans les lettres. Jamais on n'avait songé à assembler tous les facteurs d'énergie qui sont dans tous les arts pour tâcher d'en faire non pas une synthèse, ce qui serait absurde, mais pour en tirer à la fois ce qui constituait une sorte d'empire spécial, un domaine particulier, le royaume de l'esprit. »

Et cette dépense artistique, cette générosité expressive, si elle se place sous le signe de l'épuisement et de la déchéance, ouvre paradoxalement sur autre chose. Dans l'explosion des styles et la multiplication des formes, elle nous épargne ce néant qu'elle ne cesse pourtant d'explorer. Bouclée sur elle-même, elle ouvre cependant à ce qui sera : « En réalité, la décadence est ici une terminaison qui est un commencement : pendant cette pause temporaire des forces créatrices se constitue l'humus nourricier où une civilisation nouvelle germera[1]. »

Si ce livre maintenant se ferme, le monologue du décadent, de texte en texte, peut se poursuivre interminablement. Telle est sa force : dire sans fin la fascination de sa propre disparition, mais trouver dans ce vertige le pouvoir d'en conjurer sans cesse le caractère inéluctable. Tel est, comme l'écrit Cioran, notre destin possible : « Ce temps est révolu où l'homme se pensait en terme d'aurore ; reposant sur

---

1. Vladimir Jankélévitch, « La Décadence », *Revue de métaphysique et de morale.*

une matière anémiée, le voilà ouvert à son véritable devoir, au devoir d'étudier sa perte, et d'y courir. »

BIBLIOGRAPHIE

TEXTES FONDAMENTAUX

Paul ADAM, *Petit Glossaire pour servir à l'intelligence des auteurs décadents et symbolistes* (Jacques Plowert). Paris, Léon Vanier, 1888.
Critique de mœurs. Paris, Kolb, 1893.
Le Triomphe des médiocres. Paris, P. Ollendorff, 1898.

Anatole BAJU, *L'Ecole décadente.* Paris, Léon Vanier, 1887.

Charles BAUDELAIRE, *Salon de 1846.* Paris, Michel Lévy, 1846.
Philosophie de l'ameublement, idéal d'une chambre américaine. Traduction d'Edgar Poe, par Charles Baudelaire. Alençon, Impr. de Veuve Poulet-Malassis, 1854.
Les Fleurs du mal. Paris, Poulet-Malassis et de Broise, libraires éditeurs, 1857.
Les Paradis artificiels. Opium et haschisch. Paris, Poulet-Malassis et de Broise, 1860.
Les Fleurs du mal. Edition définitive, précédée d'une notice par Théophile Gautier. Paris, Michel Lévy, 1868. (Edition en partie originale formant le tome 1er des *Œuvres complètes de Baudelaire.*)
Curiosités esthétiques. Paris, Michel Lévy frères, 1868.

191

L'Art romantique. Paris, Michel Lévy frères, 1868.

Petits Poèmes en prose. Paris, Michel Lévy frères, 1869.

Souvenirs. Correspondance. Bibliographie, suivis de pièces inédites. Paris, René Pincebourde, 1872.

Œuvres posthumes et *Correspondances inédites,* précédées d'une étude biographique par Eugène Crépet. Paris, Quantin, 1887. (Edition originale de *Mon cœur mis à nu.*)

Journaux intimes. Mon cœur mis à nu. Fusées. Texte intégral. Préface de Gustave Kahn. Paris, A. Blaizot, 1909.

Jules BARBEY d'AUREVILLY, *Du dandysme et de Georges Brummell.* Paris, Poulet-Malassis, 1862.

Maurice BARRES, *Sous l'œil des barbares.* Paris, A. Lemerre, 1888.

Un homme libre. Paris, Perrin et Cie, 1889.

Le Culte du moi. Examen des trois idéologies. Paris, Perrin, 1892.

Le Culte du moi. Sous l'œil des barbares. Nouvelle édition. Paris, Fasquelle, 1896.

Léon BLOY, *Propos d'un entrepreneur de démolitions.* Paris, Tresse, 1884.

La Femme pauvre. Episode contemporain. Paris, Mercure de France, 1897.

Exégèse des lieux communs. Paris, Mercure de France, 1902.

Belluaires et porchers. Paris, P.V. Stock, 1905.

Exégèse des lieux communs. Nouvelle série. Paris, Mercure de France, 1913.

Sur la tombe d'Huysmans. Paris, collection des « Curiosités Littéraires » (A.-L. Laquerrière), s.d. (nov. 1913), (pages refusées lors de la publication de *Belluaires et porchers* en 1905).

Jules BOIS, *Prière,* poème (1885-1893). Paris, Librairie de l'Art Indépendant, 1895.

Le Satanisme et la magie, avec une étude J.-K. Huysmans. Paris, Léon Chailley, 1895.

Le Mystère et la volupté. Paris, P. Ollendorff, 1901.

L'Humanité divine, poèmes. Paris, E. Fasquelle, 1910.

Edouard BOSC DE VEZE, *Traité théorique et pratique du haschisch.* Nice, Bureau de la Curiosité, 1904.

BIBLIOGRAPHIE

Elimir BOURGES, *Le Crépuscule des dieux*. Mœurs contemporaines. Paris, Giraud et Cie, s.d. (1884).

Paul BOURGET, *Essais de psychologie contemporaine*. Baudelaire, M. Renan, Flaubert, M. Taine, Stendhal. Paris, A. Lemerre, 1883.
Etudes et portraits. I. Portraits d'écrivains ; Notes d'esthétique. II. Etudes anglaises ; Fantaisies. Paris, A. Lemerre, 1889 (2 vol.).

Félicien CHAMPSAUR, *Dinah Samuel*. Paris, P. Ollendorff, 1882.
Masques modernes. Paris, Dentu, 1890.
Lulu. Roman clownesque. Paris, E. Fasquelle, 1901.
Le Crucifié. Paris, Ferenczi, 1930.

Gabrielle D'ANNUNZIO, *Il Piacere*, romanzo. Milano, Fratelli Treves Editori, 1889 (trad. *L'Enfant de volupté*).

Jean DELVILLE, *Les Horizons hantés*.

Jean DOLENT, *Amoureux d'art*. Paris, A. Lemerre, 1888.

Gustave FLAUBERT, *La Tentation de saint Antoine*. Paris, Charpentier et Cie, 1874 (des fragments de cet ouvrage ont paru dans *L'Artiste* des 21 et 28 déc. 1856, 2 janv. et 1er fév. 1857).
Correspondance. (1887-1893). Paris, G. Charpentier et Cie (pour les trois premières séries) et G. Charpentier et E. Fasquelle (pour la quatrième série). 4 vol.

Humbert de GALLIER, *Fin de siècle*. Paris, Dentu, 1889.

Théophile GAUTIER, *Mademoiselle de Maupin*. Paris, Renduel, 1835.
Portraits contemporains. Littérateurs ; peintres ; sculpteurs ; artistes dramatiques. Paris, G. Charpentier et Cie, 1874.
Portraits et souvenirs littéraires. Paris, Michel Lévy frères, 1875.
Fusains et eaux-fortes. Paris, G. Charpentier, 1880.

Iwan GILKIN, *La Nuit*. Paris, Fishbacher, 1897.

Edmond et Jules de GONCOURT, *Charles Demailly*, seconde

édition des « Hommes de lettres ». Paris, Librairie internatio-
nale, A. Lacroix, Verboeckhoven et Cie, 1868.
Journal des Goncourt. Mémoires de la vie littéraire. Paris,
G. Charpentier et Cie, 9 vol. (1887-1896).

Edmond de GONCOURT, *Les Frères Zemganno.* Paris, G. Charpentier, 1879.
La Maison d'un artiste. Paris, G. Charpentier, 1881. 2 vol.

Remy de GOURMONT, *Sixtine,* roman de la vie cérébrale. Paris,
A. Savine, 1890.
Lilith. Paris, des presses des Essais d'art libre, s.d. (1892).
Histoires magiques, contes. Paris, Société du Mercure de
France, 1894.
Le Livre des masques, portraits symbolistes. Paris, Société du
Mercure de France, 1896.
Esthétique de la langue française. Paris, Société du Mercure de
France, 1899.
La Culture des idées. Paris, Société du Mercure de France,
1900.
Oraisons mauvaises, poèmes. Paris, Editions du Mercure de
France, 1900.
Promenades littéraires. Paris, Société du Mercure de France
(1904-1927), 7 vol.

Théodore HANNON, *Les Rimes de joie.* Bruxelles, Gay et Doucé,
1881.

Edmond HARAUCOURT, *L'Effort.* La Madone, L'Antéchrist,
l'Immortalité, La Fin du monde. Paris, publié par les
sociétaires de l'Académie des Beaux livres, Bibliophiles
contemporains, 1894.

Joris-Karl HUYSMANS, *Croquis parisiens.* Eaux-fortes de Forain
et Raffaëlli. Paris, Henri Vaton, 1880.
L'Art moderne. Paris, G. Charpentier, 1883.
A rebours. Paris, G. Charpentier, 1884.
Certains. Paris, Tresse et Stock, 1889.
Là-bas. Paris, Tresse et Stock, 1891.
Lettres inédites à Camille Lemonnier. Publiées et annotées par
Gustave Vanwelkenhyzen. Genève, Droz ; Paris, Minard,
1957.

194

BIBLIOGRAPHIE

Albert JOUNET, *Le Livre du jugement*. Paris, Comptoir d'édition, 1889.
Esotérisme et socialisme. Paris, Comptoir d'édition, 1893.

Fernand KOLNEY, *Le Salon de Madame Truphot.* Mœurs littéraires. Paris, Albin Michel, s.d. (1904).

Jules LAFORGUE, *Moralités légendaires.* Paris, Librairie de la Revue Indépendante, 1887.
Poésies complètes. Paris, Léon Vanier, 1894.
Mélanges posthumes. (Tome III des *Œuvres complètes*). Paris, Société du Mercure de France, 1903.
Lettres à un ami. (1880-1886). Paris, Mercure de France, 1941.

Camille LEMONNIER, *Les Peintres de la vie.* Paris, A. Savine, 1888.
Le Possédé. Paris, G. Charpentier, 1890.
Dames de volupté. Paris, A. Savine, 1892.
L'Homme en amour. Paris, P. Ollendorff, 1897.
L'Ecole belge de peinture. (1830-1905). Bruxelles, 1906 (« Rops », pp. 115-159).

Jean LOMBARD, *L'Agonie.* Paris, A. Savine, 1888.

Jean LORRAIN, *Modernités.* Paris, Nouvelle Librairie Parisienne, E. Giraud et Cie, 1885.
Les Griseries. Paris, Tresse et Stock, 1887.
Buveurs d'âmes. Paris, G. Charpentier et E. Fasquelle, 1893.
Sensations et souvenirs. Paris, G. Charpentier et E. Fasquelle, 1895.
Une femme par jour. Paris, Librairie Borel, E. Guillaume, 1896.
Histoires de masques. Préface de Gustave Coquiot. Paris, Société d'Editions Littéraires et Artistiques, Librairie P. Ollendorff, 1900.
Monsieur de Phocas. Astarté, roman. Paris, Société d'Editions littéraires et artistiques, Librairie P. Ollendorff, 1901.
Correspondance. Lettres à Barbey d'Aurevilly, François Coppée, Oscar Métenier, Catulle Mendès, etc. Paris, Baudinière, 1929.

195

Maurice MAETERLINCK, *Serres chaudes*. Paris, Léon Vanier, 1889 (édition originale française).

Maurice MAGRE, *La Montée aux enfers*. Paris, E. Fasquelle, 1918. *Lucifer*. Roman moderne. Paris, Albin Michel, 1929. *Choix de poésies*. Paris, G. Charpentier, 1946.

René MAIZEROY, *La Peau*. Paris, Hachette, 1890.

Stéphane MALLARME, *Divagations*. Paris, Bibliothèque Charpentier, E. Fasquelle éditeur, 1897.

Camille MAUCLAIR, *Le soleil des morts*. Paris, P. Ollendorff, 1898. *La Ville lumière*. Paris, P. Ollendorff, 1904. *Le Charme de Bruges*. Paris, Editions d'art H. Piazza, 1928.

Louis MENARD, *Rêveries d'un païen mystique*. Paris, A. Lemerre, 1876.

Catulle MENDES, *La Première Maîtresse*. Paris, G. Charpentier, 1887. *Gog*. Paris, G. Charpentier, 1896.

Octave MIRBEAU, *Le Calvaire*. Paris, P. Ollendorff, 1887. *L'Abbé Jules*. Paris, P. Ollendorff, 1888. *Les Vingt et Un Jours d'un neurasthénique*. Paris, G. Charpentier et E. Fasquelle, 1902. *Des artistes*. Première série (1885-1896). Peintres et sculpteurs : Delacroix ; Claude Monet ; Paul Gauguin ; J.-F. Raffaëlli ; Camille Pissarro ; Auguste Rodin. Paris, Librairie Ernest Flammarion, 1922. *Des artistes*. Deuxième série. Peintres, Sculpteurs et Musiciens : Claude Monet ; Camille Pissaro ; Vincent Van Gogh ; Auguste Rodin ; César Franck ; Gounod ; Franck Servais ; L'Opéra ; L'Opérette. Paris, Librairie Ernest Flammarion, 1924.

Robert de MONTESQUIOU-FEZENSAC, *Les Hortensias bleus*. Paris, G. Charpentier, 1896. *Les Pas effacés*. Mémoires publiés par Paul-Louis Couchoui Paris, Emile-Paul Frères, 1923.

BIBLIOGRAPHIE

Jean MOREAS et Paul ADAM, *Le Thé chez Miranda.* Paris, Tresse et Stock, 1886.

Friedrich NIETZSCHE, *Der Antichrist.* 1889 (trad. : *L'Antéchrist*).

Ray NYST, *Un prophète.* Paris, Chamuel, 1895 (livre sans pagination ni chapitres).

Joséphin PELADAN, Etudes passionnelles de décadence. *Le Vice suprême* (la décadence latine, Ethopée [1884-1903], 17 vol.) Tome I. Préface de Jules Barbey d'Aurevilly. Frontispice de Félicien Rops. Paris, Librairie Moderne, 1884. *Curieuse !* Tome II. Paris, Laurent, 1886. *A cœur perdu.* Tome IV. Paris, Edinger, 1888. *Les Idées et les formes.* Antiquité orientale. Paris, Mercure de France, 1908. *De l'androgyne.* Théorie plastique. Paris, E. Sansot et Cie, 1910.

Francis POICTEVIN, *Double.* Paris, A. Lemerre, 1889.

RACHILDE, *Monsieur Vénus.* Paris, Brossier, 1889. *Les Hors-Nature.* Paris, Mercure de France, 1897.

Adolphe RETTE, *Aspects.* Critiques littéraire et sociale. Paris, Bibliothèque Artistique et Littéraire, 1897. *Treize idylles diaboliques.* Paris, Bibliothèque Artistique et Littéraire, 1898.

Jean RICHEPIN, *Les Blasphèmes.* Paris, Maurice Dreyfous, 1884.

Maurice ROLLINAT, *Les Névroses.* Paris, G. Charpentier, 1883.

Albert SAMAIN, *Œuvres complètes.* 4 vol. Paris, Mercure de France, 1911-1912.

Edouard SCHURE, *Les Grands Initiés.* Esquisse de l'histoire secrète des religions. Paris, Perrin, 1889.

André SUARES, *Idées et visions.* Paris, Emile-Paul frères, 1913.

LES DÉCADENTS

Laurent TAILHADE, *La Noire Idole.* Etude sur la morphinomanie. Paris, Messein, 1907.

Maurice TALMEYR, *Les Gens pourris.* Paris, Dentu, 1886.

Gilbert-Augustin THIERRY, *Récits de l'occulte.* Paris, Armand Colin, 1892.

Octave UZANNE, *Les Surprises du cœur.* Paris, Edouard Rouveyre, 1881.

Emile VERHAEREN, *Les Villes tentaculaires.* Bruxelles, Deman, 1896.
Les Campagnes hallucinées. Les Villes tentaculaires. Macon, Protat, 1904.
James Ensor. Bruxelles, Weis, 1908.

Paul VERLAINE, *Poèmes saturniens.* Paris, Alphonse Lemerre, 1866.
Jadis et naguère. Paris, Léon Vanier, 1884.

Gabriel VICAIRE et Henri BEAUCLAIR, *Les Déliquescences. Poèmes décadents d'Adoré Floupette.* Paris, Léon Vanier, 1885 (Byzance, Lion Vané, 1885).

Oscar WILDE, *Intentions.* The Decay of Lying. Pen, Pencil and Poison. The Critic as Artist. The Truth of Masks. London, James R. Osgood, Mc Ilvaine and Co, 1891.
The Picture of Dorian Gray. London, Ward, Lock and Co, s.d. (1891) (trad. *Le Portrait de Dorian Gray*).
Correspondance. Lettres d'Oscar Wilde. Traduites de l'anglais par Henriette de Boissard. Paris, Editions Gallimard, 1966.

Emile ZOLA, *La Curée.* (Les Rougon-Macquart, Histoire naturelle et sociale d'une famille sous le second Empire). Tome II. Paris, Librairie Internationale, A. Lacroix, Verboeckhoven et Cie, 1871.

TEXTES COMPLEMENTAIRES

Emilien CARASSUS, *Le Snobisme dans les lettres françaises,* de Paul

198

BIBLIOGRAPHIE

Bourget à Marcel Proust, 1884-1914. Paris, A. Colin, 1966.
Le Mythe du dandy. Paris, A. Colin, 1971.

E.M. CIORAN, *Précis de décomposition.* Editions Gallimard, 1949 (initialement paru dans « Les essais » en 1949).

Vladimir JANKELEVITCH, « La Décadence », dans *Revue de Métaphysique et de Morale,* LV, N° 4, octobre-déc. 1950.

Philippe JULLIAN, *Robert de Montesquiou. Un prince 1900.* Paris, Librairie Académique Perrin, 1965.

Pierre KYRIA, *Jean Lorrain.* Paris, Editions Seghers, 1973.

Roger MARX, « Joris-Karl Huysmans » dans *L'Artiste,* revue de Paris, histoire de l'art contemporain, 63ᵉ année, octobre 1893.

Gustave MOREAU, *L'Assembleur de rêves.* Ecrits complets de Gustave Moreau. Texte établi et annoté par Pl. Mathieu, 1984.

Georges NORMANDY, *Jean Lorrain intime.* Paris, Albin Michel, 1928.
La Plume. Revue littéraire, artistique et sociale (Dir. Réd. en chef Léon Deschamps). Paris, 8ᵉ année, N° 172, 15 juin 1896 (N° spécial consacré à Félicien Rops).

Mario PRAZ, *La Carne, la Morte e il Diavolo nelle letteratura romantica.* Firenze, G.S. Sansoni editore, 1966.

Odilon REDON, *A soi-même.* Journal (1867-1915). Notes sur la vie, l'Art et les artistes. Librairie José Corti, 1961.
Splendeurs et misères du dandysme. Ouvrage réalisé à l'occasion de l'exposition à la Mairie du 6ᵉ arrondissement de Paris, juin 1986. Laurent Bouexière et Patrick Favardi, 1986.

Simon WILSON, *Beardsley,* Paris, Ars Mundi, 1987.

Thierry ZENO, *Les Muses sataniques - Félicien Rops.* Œuvres graphiques et lettres choisies. Bruxelles, Jacques Antoine, 1985.

TABLE DES MATIERES

Achevé d'imprimer en février 1989
sur presse CAMERON,
dans les ateliers de la S.E.P.C.
à Saint-Amand-Montrond (Cher)
pour Plon
éditeur à Paris

N° d'Édition : 11934. N° d'Impression : 370.
Dépôt légal : février 1989.
Imprimé en France